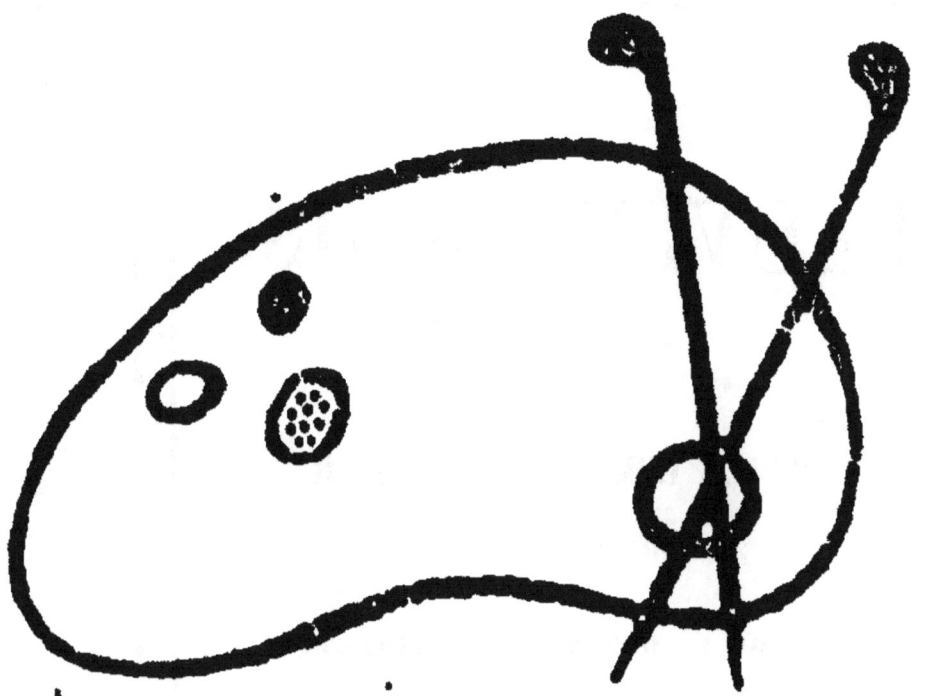

Couvertures supérieure et inférieure
en couleur

BIBLIOTHÈQUE ROSE ILLUSTRÉE

# PAUVRE BLAISE

PAR

M<sup>me</sup> LA COMTESSE DE SÉGUR

NÉE ROSTOPCHINE

OUVRAGE ILLUSTRÉ DE 76 VIGNETTES

PAR CASTELLI

PARIS
LIBRAIRIE HACHETTE ET C<sup>ie</sup>
79, BOULEVARD SAINT-GERMAIN, 79

PRIX : 2 FRANCS 25

# LE JOURNAL DE LA JEUNESSE

### NOUVEAU RECUEIL HEBDOMADAIRE ILLUSTRÉ

#### POUR LES ENFANTS DE SIX À QUINZE ANS

**CONDITIONS DE VENTE ET D'ABONNEMENT**

Un numéro comprenant 16 pages grand in-8 paraît le samedi de chaque semaine.

Prix de chaque année, brochée en 2 volumes : 20 fr.
Chaque semestre, formant un volume, se vend séparément, 10 fr.
Le cartonnage en percaline rouge, tranches dorées, se paye en sus par volume 2 fr.

Prix de l'abonnement pour Paris et les départements :
un an, 20 fr. ; six mois, 10 fr.

Prix de l'abonnement pour les pays étrangers qui font partie de l'Union générale des postes : un an, 22 fr. ; six mois, 11 fr.

Les abonnements se prennent du 1ᵉʳ décembre et du 1ᵉʳ juin de chaque année.

---

# MON JOURNAL

### NOUVEAU RECUEIL HEBDOMADAIRE

#### ILLUSTRÉ DE NOMBREUSES GRAVURES EN COULEURS ET EN NOIR

### À L'USAGE DES ENFANTS DE HUIT À DOUZE ANS

MON JOURNAL, à partir du 1ᵉʳ octobre 1892, est devenu hebdomadaire de mensuel qu'il était, et convient à des enfants de 8 à 12 ans.

Il paraît un numéro le samedi de chaque semaine.
Prix du numéro, 15 centimes.

**ABONNEMENTS :**

| FRANCE | | UNION POSTALE | |
|---|---|---|---|
| Six mois . . | 4 fr. 50 | Six mois | 5 fr. 50 |
| Un an . . . | 8 fr. » | Un an | 10 fr. » |

Prix de l'année 1892-1893 : brochée, 8 fr. ; cartonnée avec couverture en couleurs, 10 fr.

8° Y⁻² 17723

# OUVRAGES DU MÊME AUTEUR
## PUBLIÉS DANS LA BIBLIOTHÈQUE ROSE ILLUSTRÉE
## PAR LA LIBRAIRIE HACHETTE ET Cⁱᵉ

Un bon petit diable; 1 vol. avec 100 gravures d'après Castelli.
Quel amour d'enfant! 1 vol. avec 70 gravures d'après É. Bayard.
Pauvre Blaise; 1 vol. avec 90 gravures d'après H. Castelli.
Mémoires d'un âne; 1 vol. avec 75 gravures d'après Castelli.
Les vacances; 1 vol. avec 30 gravures d'après Bertall.
Les petites filles modèles; 1 vol. avec 21 grandes grav. d'après Bertall.
Les malheurs de Sophie; 1 vol. avec 48 gravures d'après Castelli.
Les deux nigauds; 1 volume avec 70 gravures d'après Castelli.
Les bons enfants; 1 vol. avec 70 gravures d'après Ferogio.
Le général Dourakine; 1 vol. avec 100 gravures d'après É. Bayard.
L'auberge de l'Ange-Gardien; 1 vol. avec 75 grav. d'après Foulquier.
La sœur de Gribouille; 1 vol. avec 72 gravures d'après Castelli.
La fortune de Gaspard; 1 vol. avec 32 gravures d'après Gerlier.
Jean qui grogne et Jean qui rit; 1 vol. avec 70 grav. d'après Castelli.
François le Bossu; 1 vol. avec 114 gravures d'après É. Bayard.
Diloy le Chemineau; 1 vol. avec 90 gravures d'après H. Castelli.
Comédies et proverbes; 1 vol. avec 60 gravures d'après É. Bayard.
Le mauvais génie; 1 vol. avec 90 gravures d'après É. Bayard.
Après la pluie le beau temps; 1 vol. avec 128 grav. d'après É. Bayard.

Prix de chaque volume broché, 2 25
Relié en percaline rouge, tranches dorées, 3 50

---

## Format in-8°, broché

La Bible d'une grand'mère, avec 30 gravures.............. 10 »
Évangile d'une grand'mère, avec 30 gravures.............. 10 »
Les Actes des Apôtres, avec 10 gravures................. 10 »

---

Évangile d'une grand'mère, édition classique, in-16, cart.. 1 50
La santé des enfants, broché, in-16..................... » 50

---

Imprimerie Lahure, rue de Fleurus, 9, à Paris. — 11-03

# PAUVRE BLAISE

# PAUVRE BLAISE

PAR

Mme LA COMTESSE DE SÉGUR

NÉE ROSTOPCHINE

OUVRAGE ILLUSTRÉ DE 65 VIGNETTES DESSINÉES SUR BOIS
PAR H. CASTELLI

NOUVELLE ÉDITION

PARIS
LIBRAIRIE HACHETTE ET Cie
79, BOULEVARD SAINT-GERMAIN, 79

1896

Droits de traduction et de reproduction réservés

A

# MON PETIT-FILS
## PIERRE DE SÉGUR

*Cher enfant, voici un excellent garçon, sage et pieux comme toi, qui te demande une place dans ta bibliothèque. Tu ne repousseras pas sa prière et tu lui donneras un poste de faveur en l'honneur de ses vertus et de ta grand'mère.*

COMTESSE DE SÉGUR,
Née ROSTOPCHINE.

Paris, 1861.

# I

## LES NOUVEAUX MAITRES

Blaise était assis sur un banc, le menton appuyé dans sa main gauche. Il réfléchissait si profondément qu'il ne pensait pas à mordre dans une tartine de pain et de lait caillé que sa mère lui avait donnée pour son déjeuner.

« A quoi penses-tu, mon garçon? lui dit sa mère. Tu laisses couler à terre ton lait caillé, et ton pain ne sera plus bon.

BLAISE.

Je pensais aux nouveaux maîtres qui vont arriver, maman, et je cherche à deviner s'ils sont bons ou mauvais.

MADAME ANFRY.

Que tu es nigaud! Comment veux-tu deviner ce que sont des maîtres que personne de chez nous ne connaît?

BLAISE.

On ne les connaît pas ici, mais les garçons d'écurie qui sont arrivés hier avec les chevaux les connaissent, et ils ne les aiment pas.

MADAME ANFRY.

Comment sais-tu cela?

BLAISE.

Parce que je les ai entendus causer pendant que je les aidais à arranger leurs harnais; ils disaient que M. Jules, le fils de M. le comte et de Mme la comtesse, les ferait gronder s'il ne trouvait pas son poney et sa petite voiture prêts à être attelés; ils avaient l'air d'avoir peur de lui.

MADAME ANFRY.

Eh bien, cela prouve-t-il qu'il soit méchant et que les maîtres sont mauvais?

BLAISE.

Quand de grands garçons comme ces gens d'écurie ont peur d'un petit garçon de onze ans, c'est qu'il leur fait du mal.

MADAME ANFRY.

Quel mal veux-tu que leur fasse un enfant?

BLAISE.

Ah! voilà! C'est qu'il va se plaindre, et que son père et sa mère l'écoutent, et qu'ils grondent les pauvres domestiques. Je dis, moi, que c'est méchant.

MADAME ANFRY.

Et qu'est-ce que ça te fait, à toi? Tu n'es pas leur domestique; tu n'as pas à te mêler de leurs affaires. Reste tranquille chez toi, et ne va pas te fourrer au château comme tu faisais toujours du temps de M. Jacques.

BLAISE.

Ah! mon pauvre petit M. Jacques! En voilà un bon et aimable comme on n'en voit pas souvent. Il partageait tout avec moi; il avait toujours une petite friandise à me donner : une poire, un gâteau, des cerises, des joujoux; et puis, il était bon et je l'aimais! Ah! je l'aimais!... Je ne me consolerai jamais de son départ. »

Et Blaise se mit à pleurer.

MADAME ANFRY.

Voyons, Blaise, finis donc! Quand tu pleurerais tout ce que tu as de larmes dans le corps, ce n'est pas cela qui les ferait revenir. Puisque son père a vendu aux nouveaux maîtres, c'est une affaire faite, et tes larmes n'y peuvent rien, n'est-ce pas? Moi aussi, je regrette bien M. et Mme de Berne, et tu ne me vois pourtant pas pleurer.... »

Mme Anfry fut interrompue par le claquement d'un fouet et une voix forte qui appelait :

« Holà! le concierge! Personne ici? »

Mme Anfry accourut; un domestique à cheval et en livrée était à la grille fermée.

« C'est vous qui êtes concierge, ici? Tenez la grille ouverte; M. le comte arrive dans cinq minutes, dit-il d'un air insolent.

— Oui, Monsieur, répondit Mme Anfry en saluant.

— Tout est-il en état au château?

— Dame! Monsieur, j'ai fait de mon mieux pour satisfaire les maîtres, répondit timidement Mme Anfry.

— C'est bon, c'est bon », reprit le domestique en fouettant son cheval.

Mme Anfry ouvrit la grille tout en suivant des yeux le domestique, qui galopait vers le château.

« Il n'est guère poli, celui-là, murmura-t-elle; il aurait pu tout de même parler plus honnêtement. Blaise, mon garçon, continua-t-elle plus haut, cours au château et préviens ton père que les nouveaux maîtres arrivent, qu'il vienne vite me rejoindre pour les recevoir à la grille.

— Où le trouverai-je, maman? dit Blaise.

— Dans les chambres du château, qu'il arrange et nettoie depuis ce matin; va, mon garçon, va vite. »

Blaise partit en courant; il entra dans le vestibule, où il trouva cinq ou six domestiques qui allaient et venaient d'un air effaré.

« Halte-là, petit! lui cria un des domestiques; les blouses ne passent pas. Qui demandes-tu?

— Je cherche mon père, Monsieur, pour recevoir les maîtres, répondit Blaise. Maman m'a dit qu'il était au château. »

Et Blaise voulut entrer dans l'appartement; le domestique le saisit par le bras:

LE DOMESTIQUE.

Je t'ai dit, gamin, qu'on ne passait pas en blouse.

Ton père n'est pas au château; ce n'est pas sa place ni la tienne non plus. Va le chercher ailleurs.

BLAISE.

Mais pourtant maman m'a dit....

LE DOMESTIQUE.

Vas-tu finir et t'en aller, raisonneur! Si tu ajoutes un mot, je t'époussèterai les épaules du manche de mon plumeau. »

Le pauvre Blaise se retira le cœur un peu gros, et retourna tristement à la grille, où l'attendait sa mère.

« Ils n'ont pas voulu me laisser entrer, maman; ils ont dit que papa n'était pas au château, et que je n'y pouvais pas entrer en blouse. Du temps de M. Jacques, j'y entrais bien, pourtant.

— Je crains que tu n'aies deviné juste, mon pauvre Blaise, dit Mme Anfry en soupirant. On dit: *tels maîtres, tels valets*. Les valets ne sont pas bons, il se pourrait que les maîtres ne le fussent pas non plus.... Comment allons-nous faire? Ils ne seront pas contents si ton père n'est pas ici pour les recevoir. Un concierge doit être à sa grille.

BLAISE.

Voulez-vous que je retourne au chateau, maman? Je le trouverai peut-être aux écuries.

MADAME ANFRY.

Trop tard, mon ami, trop tard; j'entends claquer des fouets. Ce sont les maîtres qui arrivent. »

Comme elle achevait ces mots, elle vit accourir Anfry, essoufflé et suant, juste au moment où un nuage de poussière annonçait l'approche de la voiture de poste.

Anfry se plaça, le chapeau à la main, d'un côté de la grille; Mme Anfry se rangea avec Blaise de l'autre côté : la berline attelée de quatre chevaux de poste apparut, tourna au galop et enfila l'avenue du château. Elle passa si rapidement que Blaise eut à peine le temps d'apercevoir un monsieur et une dame au fond de la voiture, un petit garçon et une petite fille sur le devant. Ils passèrent sans répondre aux révérences de Mme Anfry et aux saluts du concierge; la petite fille seule salua.

Quand la voiture fut hors de vue, le mari et la femme se regardèrent d'un air chagrin; ils fermèrent lentement la grille, rentrèrent sans mot dire dans leur maison et s'assirent près d'une table sur laquelle était préparé leur frugal dîner. Blaise vint les rejoindre et, de même que ses parents, se plaça silencieusement près de la table.

« Mon ami, dit enfin Mme Anfry, comment trouves-tu les domestiques des nouveaux maîtres?

— Mauvais, répondit Anfry; grossiers, mauvaises langues. Mauvais, répéta-t-il en soupirant.

MADAME ANFRY.

Blaise craint que les maîtres ne soient guère meilleurs.

ANFRY.

Cela se pourrait bien! Ce ne sera pas comme avec les anciens qui n'y sont plus. Blaise, mon garçon, ajouta-t-il en se tournant vers lui, ne va pas au château; n'y va que si on te demande, et restes-y le moins possible.

BLAISE.

C'est bien ce que je compte faire, papa; je n'ai pas du tout envie d'y aller. Quand mon cher petit M. Jacques y demeurait, c'était bien différent; je l'aimais et il voulait toujours m'avoir.... Je ne le reverrai peut-être jamais! Mon Dieu! mon Dieu! que c'est donc triste d'aimer des gens qui vous quittent. »

Et le pauvre Blaise versa quelques larmes.

ANFRY.

Allons, Blaise, du courage, mon garçon! Qui sait? tu le reverras peut-être plus tôt que tu ne penses. M. de Berne m'a bien promis qu'il tâcherait de me placer dans son autre terre, où il va habiter.

BLAISE.

Et puis il la vendra encore, et il nous faudra encore changer de maîtres.

ANFRY.

Mais non; tu ne sais pas et tu parles comme si tu savais. L'autre terre est une terre de famille, qui ne doit jamais être vendue; tandis que celle-ci était de la famille de Madame, et ils ne pouvaient pas habiter deux terres à la fois. Est-ce vrai?

— A quoi sert de parler de tout cela? dit Mme Anfry. Mangeons notre dîner; veux-tu du fromage, Blaisot, en attendant la salade aux œufs durs? »

Blaise accepta le fromage, puis la salade, et, tout en soupirant, il mangea de bon appétit, car, à onze ans, on pleure et on mange tout à la fois.

Le reste du jour se passa tranquillement pour la famille du concierge; personne ne les demanda. Quand la nuit fut venue, ils mirent les verrous à la grille, le concierge fit sa tournée pour voir si tout était bien fermé, et il rentra pour se coucher. Sa femme et son fils dormaient déjà profondément.

## II

### PREMIÈRE VISITE AU CHATEAU

« M. le comte demande le concierge », dit d'une voix impérieuse un des domestiques du château.

C'était de grand matin. Mme Anfry faisait son ménage, Blaise nettoyait la vaisselle, et Anfry était allé scier du bois pour les fourneaux de la cuisine et de la lingerie.

Le domestique avait ouvert bruyamment la porte et restait sur le seuil; il regardait le modeste mobilier du concierge.

« Votre mobilier ne fait pas honneur à vos anciens maîtres, dit le valet en ricanant; si M. le comte passait par ici, il vous ferait bien vite changer tout cela.

— Qu'est-ce que vous trouvez à mon mobilier qui parle contre les anciens maîtres? répondit vivement Mme Anfry. Est-ce qu'il y manque quelque chose? Tout n'est-il pas en bon état? C'étaient de bons maîtres, ceux qui n'y sont plus, et je n'en demande pas de meilleurs au bon Dieu.

LE DOMESTIQUE.

Ha! ha! le bon Dieu! Comme s'il se mêlait d'un concierge et de son mobilier.

MADAME ANFRY.

Le bon Dieu se mêle de tout, et d'un pauvre concierge tout comme d'un prince et d'un roi; et je n'entends pas qu'on se raille du bon Dieu chez moi, entendez-vous bien!

LE DOMESTIQUE.

Voyons, voyons, Madame la concierge, il ne faut pas vous emporter pour un mot dit en plaisanterie; mais M. le comte demande le concierge et je ne le vois pas ici.

MADAME ANFRY.

Il est au château à scier du bois; allez le chercher là-bas, vous lui ferez la commission.

LE DOMESTIQUE.

Si vous y envoyiez votre garçon, cela me donnerait le temps d'aller faire un tour au village et de faire connaissance avec les cafés.

MADAME ANFRY.

Mon garçon n'a que faire au château; on lui a dit hier qu'on n'y entrait pas en blouse; il ne se mettra pas en prince pour y aller, et il n'ira pas.

LE DOMESTIQUE.

Vous êtes maussade, Madame la concierge; mais prenez-y garde, on pourrait bien chercher à vous remplacer et à vous faire partir.

MADAME ANFRY.

Comme vous voudrez. Si les maîtres sont comme les valets, je ne tiens pas à y rester; nous sommes connus dans le pays, et nous ne manquerons pas de travail ni de place, mon mari et moi. »

Le domestique vit qu'il n'y avait rien à gagner en continuant la conversation ; il se retira en grommelant, et remonta lentement l'avenue du château. Il trouva le concierge au bûcher, comme le lui avait dit Mme Anfry.

« M. le comte vous demande, lui dit-il brusquement.

— Je ne suis guère en toilette pour me présenter chez M. le comte, répondit Anfry.

— Puisqu'il vous demande, c'est qu'il vous veut comme vous êtes, reprit le domestique d'un ton bourru.

— C'est vrai », se borna à répondre Anfry.

Et, laissant son travail, il remit sa veste, secoua la poussière de ses pieds, et se dirigea vers le château.

« Où allez-vous? lui dit rudement un domestique qui balayait l'escalier.

— M. le comte m'a fait demander.

— Est-ce bien sûr?... Passez alors, quoique vous soyez bien mal vêtu pour paraître devant M. le comte.

— Qu'à cela ne tienne ; j'aime autant ne pas y aller. »

Et Anfry se mit à redescendre l'escalier qu'il avait monté à moitié.

« Mais non, je ne dis pas cela. Puisque M. le comte vous a demandé, c'est qu'il veut vous voir.

— Alors gardez vos réflexions pour vous », dit Anfry en remontant l'escalier.

Il arriva à la porte du comte de Trénilly et frappa discrètement.

« Entrez! » lui cria-t-on.

Anfry entra; il vit un homme de trente-cinq à trente-six ans, d'assez belle apparence, l'air hautain, mais le regard assez doux. Anfry salua; le comte répondit par un léger signe de tête.

« Vous avez des enfants? dit-il d'un ton bref.

ANFRY.

Un seul, monsieur le comte.

LE COMTE.

Garçon ou fille?

ANFRY.

Garçon.

LE COMTE.

Quel âge?

ANFRY.

Onze ans.

LE COMTE.

Envoyez-le au château.

ANFRY.

Pour quel service, Monsieur le comte?

LE COMTE.

Pour le mien, parbleu, puisque je vous dis de me l'envoyer.

ANFRY.

Pardon, Monsieur le comte, mais je ne comprends pas comment mon garçon de onze ans pourrait faire le service de Monsieur le comte. Et s'il faut tout dire, je n'aimerais pas à le mettre en contact avec vos gens.

LE COMTE.

Et pourquoi, s'il vous plaît? Le fils de mon concierge est-il trop grand seigneur pour se trouver avec mes gens?

ANFRY.

Au contraire, Monsieur le comte, il ne serait pas assez grand seigneur pour eux; ils l'ont chassé hier, ils le chasseraient bien encore.

— Je voudrais bien voir cela, s'écria le comte avec colère,

« Vous avez des enfants? »

quand ce serait par mon ordre qu'il viendrait ici.

ANFRY.

Enfin, Monsieur le comte, mon garçon pourrait voir et entendre des choses qui me feraient de la peine en lui faisant du mal, et j'aime autant qu'il reste à la maison et qu'il n'entre pas au château. »

Le comte fut étonné de cette résistance. Il regarda attentivement le concierge et parut frappé de l'air décidé, mais franc, ouvert et honnête, qui donnait à toute sa personne quelque chose qui commandait le respect. Il hésita quelques instants, puis il reprit d'un ton plus doux :

« C'était pour mon fils que je vous demandais le vôtre; mais peut-être avez-vous raison.... Quand mon fils voudra jouer avec votre garçon, il ira le chercher chez vous. Au revoir, ajouta-t-il en faisant de la main un geste d'adieu. Quel est votre nom?

— Anfry, Monsieur le comte, à votre service, quand il vous plaira. »

Anfry sortit, redescendit l'escalier et fut arrêté dans le vestibule par des domestiques, curieux de savoir ce que leur maître avait pu vouloir à un homme d'aussi petite importance qu'un concierge de château; Anfry leur répondit brièvement, sans s'arrêter, et rentra chez lui.

Blaise était devant la grille; il époussetait et nettoyait quand son père rentra.

« As-tu vu le garçon de M. le comte? lui demanda Anfry.

BLAISE.

Non, papa; je n'ai vu personne, qu'un domestique, qui est venu me dire d'aller voir M. Jules.

ANFRY.

Tu n'y as pas été, j'espère bien?

BLAISE.

Non, papa, vous me l'aviez défendu; d'ailleurs,

je n'ai guère envie de lier connaissance avec ce
M. Jules. Je me figure qu'il ne doit pas être bon.
— Tu pourrais avoir raison; travaille, va à

Il fut arrêté par des domestiques....

l'école, ce sera mieux pour toi que courailler et
paresser toute la journée. En attendant, va
me chercher ma serpe que j'ai laissée au bûcher;
il y a des branches qui avancent sur la grille et

qui gênent pour l'ouvrir. Je veux les couper. »

Blaise, toujours prompt à obéir, partit en courant ; il entra au bûcher et y trouva Jules de Trénilly, qui essayait de couper des rognures de bois avec la serpe, qu'il avait ramassée.

« Voulez-vous me donner cette serpe, Monsieur? lui dit Blaise poliment.

JULES.

Elle n'est pas à toi, je ne te la rendrai pas.

BLAISE.

Pardon, Monsieur, elle est à papa ; il m'a envoyé pour la chercher.

JULES.

Je te dis que j'en ai besoin ; laisse-moi tranquille.

BLAISE.

Mais papa en a besoin aussi, je dois la lui rapporter.

JULES.

Vas-tu me laisser tranquille ; tu m'ennuies. »

Blaise insista encore pour avoir sa serpe ; Jules continuait à la refuser ; Blaise s'approcha pour la retirer des mains de Jules, qui se mit en colère et menaça de la lancer à la tête de Blaise. Il fit, en effet, le mouvement de la jeter ; la serpe, trop lourde, retomba sur son pied et lui fit une entaille au soulier, au bas et à la peau ; Jules se mit à crier ; Michel, le garçon d'écurie, accourut et s'effraya en voyant du sang au pied de son jeune maître.

« Comment vous êtes-vous blessé, Monsieur Jules? lui demanda-t-il.

JULES, *criant*.

C'est ce méchant garçon qui m'a fait mal. Il m'a coupé avec la serpe.

MICHEL, *avec rudesse*.

Méchant garnement! que viens-tu faire ici? Tu es le fils du concierge; va à ta niche et n'en sors pas.... Ne pleurez pas, pauvre Monsieur Jules; nous allons bien faire gronder ce mauvais sujet qui vous a fait mal.

JULES.

Tu diras, Michel, qu'il m'a donné un coup de serpe.

MICHEL.

Mais est-ce bien vrai? Je n'ai rien vu, moi.

JULES.

C'est égal, dis toujours, puisque c'est sa faute; si tu ne veux pas, je dirai que c'est toi, et je te ferai chasser.

MICHEL.

Non, non, Monsieur Jules, non, non, il ne faut pas me faire chasser; je dirai comme vous me l'ordonnez. »

Et Michel prit Jules dans ses bras et l'emporta au château.

Le pauvre Blaise était resté immobile, stupéfait. Enfin il ramassa la serpe et se dit :

« Faut-il que ce garçon soit méchant! Je vais vite tout raconter à papa, pour qu'il connaisse la vérité et qu'il sache bien que ce n'est pas moi qui l'ai blessé. »

Il courut vers la grille; son père l'attendait avec impatience.

« Tu y as mis du temps, mon garçon, dit-il en recevant la serpe. Qu'est-ce qui t'a retenu si longtemps? »

Blaise, tout essoufflé, raconta à son père ce qui s'était passé; il avait à peine terminé son récit, que M. de Trénilly parut en haut de l'avenue, marchant d'un pas précipité vers la grille.

« Anfry! cria-t-il avec colère, amenez-moi ce petit drôle, qui s'est caché dans la maison quand il m'a aperçu. »

Anfry marcha seul vers M. de Trénilly.

« Monsieur le comte, dit-il le chapeau à la main, je crois savoir ce qui vous amène ici, et je sais que mon fils n'est pas coupable de ce qui est arrivé.

### M. DE TRÉNILLY.

Comment, pas coupable? Mon fils a au pied une grande entaille que lui a faite votre garçon avec sa serpe, et vous trouvez qu'il n'est pas coupable?

### ANFRY.

Ce n'est pas mon garçon, c'est le vôtre qui se l'est faite lui-même.

### M. DE TRÉNILLY.

Ceci est trop fort, par exemple! Me faire croire que mon fils s'est coupé pour le plaisir d'avoir une plaie et d'en souffrir pendant huit jours.

### ANFRY.

Non, Monsieur le comte, mais par imprudence et par colère. »

Alors Anfry raconta à M. de Trénilly ce que venait de lui apprendre Blaise.

« Faites-le venir, dit M. de Trénilly, je veux l'entendre raconter à lui-même. »

Anfry alla chercher Blaise, qu'il trouva blotti derrière un rideau.

### ANFRY.

Allons, Blaisot, viens parler à M. le comte; il veut que tu lui racontes ce qui s'est passé avec M. Jules.

### BLAISE.

Oh! papa, j'ai peur. Il a l'air en colère; il va me battre.

### ANFRY.

Te battre! Sois tranquille, mon garçon, je suis là, moi; s'il fait mine de te toucher, je t'emmène et nous quitterons la maison, seulement le temps d'emporter nos effets. »

Blaise sortit de sa cachette et, tout tremblant, suivit son père, qui l'emmena devant M. de Trénilly. Blaise n'osait lever les yeux; M. de Trénilly le regardait avec colère.

« Raconte-moi comment mon fils a reçu sa blessure, dit-il enfin avec dureté.

### BLAISE.

Il ne voulait pas me rendre la serpe que papa m'avait envoyé chercher, Monsieur; j'ai insisté, il s'est fâché, il a voulu m'en donner un coup; la serpe est lourde, elle est retombée malgré lui et l'a blessé au pied.

### M. DE TRÉNILLY.

Tu mens! je te dis que tu mens!

BLAISE, *vivement.*

Non, Monsieur, je ne mens pas ; je ne mens jamais. Si j'avais blessé M. Jules, je l'aurais dit sans attendre qu'on me le demandât. »

L'honnête indignation de Blaise parut faire impression sur M. de Trénilly ; il regarda alternativement Blaise et Anfry, et s'en alla en se disant à mi-voix :

« C'est singulier ! Il a l'air franc et honnête ; mais pourquoi Jules aurait-il fait ce conte, et pourquoi Michel l'aurait-il soutenu ?... C'est ce que je vais tâcher de me faire expliquer.... »

Quand il fut parti, Anfry rentra avec Blaise et lui répéta la défense d'aller au château sans nécessité.

## III

## LA RÉPARATION ET LA RECHUTE

Huit jours après, Blaise était dans le jardin avec son père; ils bêchaient tous deux une plate-bande de salades, lorsque la voix de M. de Trénilly se fit entendre; il appelait Anfry.

« Me voici, Monsieur le comte », répondit Anfry; et il courut vers le comte, qui tenait Jules par la main.

« Anfry, dit le comte, voici Jules qui vient faire ses excuses à votre garçon pour ce qui s'est passé la semaine dernière : votre garçon avait raison, c'est Michel qui a menti; Jules s'est blessé lui-même, il l'a avoué, et il est bien fâché d'avoir accusé à tort votre garçon; de peur d'être grondé pour avoir touché la serpe, il a fait un mensonge et une méchanceté, mal conseillé par Michel, que j'ai renvoyé de mon service et qui est retourné dans son pays; Jules ne recommencera pas, il me l'a bien promis. Jules, va chercher Blaise; tu le lui diras toi-même. »

Jules alla à pas lents dans le potager où travaillait Blaise; il était honteux des excuses que son père lui avait ordonné de faire, et il ne savait de quelle manière commencer. Il restait immobile et silencieux devant Blaise, qui le regardait d'un air surpris.

« Qu'y a-t-il pour votre service, Monsieur Jules? lui demanda-t-il enfin.

— Rien, répondit Jules.

— Mais puisque vous êtes venu ici près de moi, Monsieur Jules, c'est que vous avez besoin de moi.

— Non, répondit Jules.

BLAISE.

Alors je vais me remettre à bêcher, sauf votre respect, Monsieur Jules. Papa n'aime pas que je perde mon temps.

JULES, *avec embarras.*

Blaise!

BLAISE.

Monsieur Jules.

JULES, *très embarrassé.*

Blaise!... Je suis venu.... Papa m'a dit.... Je ne sais pas comment dire.... Je veux..., non, je dois... te demander pardon.

BLAISE, *avec surprise.*

A moi, pardon! et de quoi donc?

JULES.

Pour l'autre jour,... la serpe... Michel,... tu te souviens bien?

BLAISE.

Ah! pour le mensonge! Tiens, je n'y pensais plus. Je ne vous en veux pas, bien sûr, monsieur Jules, et je suis bien fâché que vous ayez pris la peine de faire des excuses. C'est juste, à la vérité, mais cela coûte, et je vous en remercie. »

Jules, enchanté de se trouver débarrassé de cette tâche pénible, releva la tête, qu'il avait tenue baissée, et, regardant la bonne figure réjouie de Blaise, il lui proposa de venir jouer avec lui au château.

BLAISE.

Cela, c'est impossible, Monsieur Jules, car papa m'a défendu d'y aller.

« Je dois... te demander pardon.... »

JULES.

Pourquoi donc?

BLAISE.

Il dit que ce n'est pas ma place, que je ne dois

pas m'habituer à fainéanter, mais à l'aider par mon travail.

JULES.

Oh! que c'est ennuyeux! Attends, je vais le demander à papa. »

Jules courut à M. de Trénilly et lui demanda la permission d'emmener Blaise.

LE COMTE.

Je ne demande pas mieux, mon ami, je suis bien aise que tu joues avec Blaise, qui me semble être un bon et brave garçon.

JULES.

C'est que son père veut qu'il travaille, et ne veut pas qu'il vienne au château.

LE COMTE.

Son père a raison, mais il lui donnera bien un congé pour terminer votre raccommodement. — Nous donnez-vous Blaise pour l'après-midi, Anfry; nous vous le renverrons ce soir.

ANFRY.

Je n'ai rien à refuser à Monsieur le comte, pourvu que Blaise ne gêne pas. Je vais l'amener tout à l'heure, quand il sera nettoyé et qu'il aura changé de vêtements.

LE COMTE.

Pourquoi faire, changer de vêtements? Laissez-lui sa blouse; ce n'est pas fête aujourd'hui.

ANFRY.

C'est fête pour lui, Monsieur le comte, puisque c'est la première fois qu'il est admis près de Monsieur le comte et de M. Jules. Mais, puisque

Monsieur le comte l'aime mieux ainsi, il ira en blouse. »

Et il alla au jardin, où Blaise bêchait toujours.

« Blaisot, va te débarbouiller les mains et le visage, et donner un coup de peigne à tes cheveux. Tu vas accompagner M. Jules et jouer avec lui au château. »

Blaise rougit, moitié de peur et moitié de plaisir, et courut se débarbouiller au baquet. Quand il fut lavé, peigné, il alla rejoindre Jules et le comte, qui l'attendaient dans l'avenue. Ils marchaient devant; Blaise suivait; il n'était pas à son aise, il n'osait parler, et il aurait voulu pouvoir retourner à sa bêche et à son jardin. En arrivant au perron, ils trouvèrent la comtesse avec sa fille qui les attendaient.

« Vous amenez Blaise! dit la comtesse en s'avançant vers eux. Je suis bien aise de le connaître; on m'a dit du bien de lui. N'aie pas peur, petit, ajouta-t-elle, Hélène ne te mangera pas, et Jules sera content de jouer avec un garçon de son âge.

— Je n'ai pas peur, Madame, dit Blaise; seulement je ne suis pas à mon aise.

— Eh bien, tu vas t'y mettre en nous aidant à bêcher et à arranger notre jardin, Blaise, dit Hélène avec un sourire aimable. Venez avec moi, Jules et Blaise, et mettons-nous à l'ouvrage. »

Et, passant entre eux deux, elle les prit chacun

par la main et courut vers un petit jardin que M. de Trénilly leur avait fait arranger près du château.

« Mais il n'y a rien dans votre jardin, dit Blaise.

HÉLÈNE.

C'est précisément pour cela que nous voulons l'arranger : tu vas nous aider.

BLAISE.

Qu'est-ce que vous voulez y mettre? des fleurs ou des légumes?

— Des fleurs! s'écria Hélène; j'aime tant les fleurs!

— Des légumes! s'écria Jules; les fleurs m'ennuient.

HÉLÈNE.

Des fleurs seraient bien plus jolies et viendraient plus vite.

JULES.

Des légumes sont bien plus utiles; d'ailleurs, je veux des légumes, et si tu mets des fleurs, je les arracherai.

HÉLÈNE.

Fais comme tu voudras; je sais qu'il faut toujours te céder.

BLAISE.

Pourquoi faut-il que vous cédiez, Mademoiselle?

HÉLÈNE.

Pour ne pas être battue par lui et grondée par papa, qui croit tout ce que Jules lui dit.

JULES.

Allons, vite à l'ouvrage! Bêchez, ratissez, pendant que je vais chercher des graines au jardin. »

Blaise avait envie de résister à Jules et de soutenir Hélène; mais il n'osa pas, et, prenant une bêche, il se mit à l'ouvrage avec une telle ardeur que le jardin fut retourné en moins d'une demi-heure; Hélène l'aidait, mais moins vivement.

Jules revint avec un sac plein de graines de toute espèce de légumes.

« Voilà, dit-il, des choux-fleurs, des pois, des radis, des asperges, des navets, des carottes, des laitues, des cardons, des épinards....

BLAISE.

Mais, Monsieur Jules, tout cela doit être semé sur couche et repiqué quand c'est levé.

JULES.

Du tout, du tout, je ne veux pas; je veux semer les graines dans mon jardin.

BLAISE.

Comme vous voudrez, Monsieur Jules; mais il faudra les attendre bien longtemps.

JULES.

C'est égal, je veux les semer; j'aime mieux attendre. »

Hélène ne disait rien; elle était habituée aux caprices de son frère; sa bonté et sa douceur la portaient à toujours lui céder pour éviter les disputes. Blaise hochait la tête, mais se taisait, voyant Hélène consentir de bonne grâce à sacrifier les fleurs qu'elle avait désirées. Avec sa bêche il fit des traînées de petites rigoles, dans lesquelles Jules semait la graine.

BLAISE.

Qu'avez-vous semé par ici, Monsieur Jules?

JULES.

Je n'en sais rien; j'ai tout mêlé.

HÉLÈNE.

Mais comment sauras-tu où sont les radis, les choux-fleurs, les carottes, et le reste?

JULES.

Je les reconnaîtrai bien en les mangeant.

HÉLÈNE.

Mais quand nous voudrons manger des radis, comment les trouverons-nous?

JULES.

Ah! je n'en sais rien! Tu m'ennuies avec tes raisonnements.

BLAISE.

Écoutez, Monsieur Jules, vous n'êtes pas raisonnable; ce ne sera pas un jardin, cela; on n'y verra rien pendant plus d'une quinzaine. Laissez votre sœur y mettre quelques fleurs.

JULES, *frappant du pied.*

Non, non, non, je ne veux pas; je n'aime pas les fleurs, et je n'en mettrai pas. »

Hélène était rouge; elle avait envie de pleurer, Blaise en eut pitié et lui dit :

« Ne vous affligez pas, Mademoiselle, je vous arrangerai un autre jardin, et je vous y planterai de belles fleurs toutes venues.

HÉLÈNE.

Merci, Blaise, tu es bien bon.

JULES.

Et moi! je suis donc mauvais, moi?

# PAUVRE BLAISE

HÉLÈNE.

Tu n'es pas mauvais, mais Blaise est très bon.

JULES, *avec colère*.

Je ne veux pas que Blaise soit meilleur que moi; je ne veux pas que tu le dises.

HÉLÈNE.

Je ne le dirai pas si cela te contrarie, mais....

Il courut pour battre Hélène.

JULES, *de même*.

Mais quoi?

HÉLÈNE.

Mais... Blaise est très bien. »

Jules se mit à crier, à taper des pieds; il courut pour battre Hélène; elle se sauva; il s'élança sur Blaise, qui esquiva le coup en sautant lestement de côté. Jules tomba sur le nez et redoubla ses cris; la bonne d'Hélène accourut.

« Qu'y a-t-il? pourquoi ces cris?
>JULES, *pleurant.*

Blaise est méchant; il veut arracher mes légumes pour mettre des fleurs; ils disent que je suis méchant; c'est lui qui est méchant, il veut arracher mes légumes.

LA BONNE.

Pourquoi contrariez-vous M. Jules, et comment osez-vous lui arracher ses légumes, Blaise?

BLAISE.

Je vous assure, Madame, que je ne veux rien arracher, et que je ne veux pas contrarier M. Jules. C'est lui-même qui se contrarie.

LA BONNE.

C'est cela! toujours la même chanson! C'est M. Jules qui se fait pleurer lui-même, n'est-ce pas? »

Blaise voulut répondre, mais la bonne ne lui en laissa pas le temps; elle le saisit par le bras, le fit pirouetter et lui ordonna de s'en aller chez lui et de ne plus revenir. Blaise partit sans mot dire, se promettant bien de refuser à l'avenir toute invitation du château.

# IV

## LE CHAT-FANTÔME

Blaise était courageux; il n'avait pas peur de l'obscurité, et, quand il faisait beau, il aimait à se promener tout seul, le soir, dans les prairies traversées par un joli ruisseau.

Qu'est-ce qui lui plaisait tant dans la prairie?

D'abord il était seul, il allait où il voulait; ensuite, en suivant le chemin qui bordait le ruisseau, il voyait une longue rangée de fours à plâtre creusés dans la montagne qui borde les prés et la grande route. Ces fours étaient en feu tous les soirs; il en sortait des gerbes d'étincelles; les hommes occupés à enfourner du bois dans ces brasiers lui semblaient être des diables au milieu des flammes de l'enfer. Un autre enfant aurait eu peur, mais Blaise n'était pas si facile à effrayer; il s'arrêtait et regardait avec bonheur ces feux allumés, ces longues traînées d'étincelles, ces hommes armés de fourches attisant le feu. Il suivait tout doucement la rivière jusqu'au moulin, dont il traversait la cour pour revenir par la grande route, en longeant les fours à chaux.

Quelques jours après sa première visite au château, Blaise se préparait à faire sa promenade favorite, lorsqu'il vit accourir Jules.

« Blaise ! Blaise ! lui cria-t-il, veux-tu venir jouer avec moi ? Je suis seul, je m'ennuie.

— Merci, Monsieur Jules, répondit Blaise, je vais me promener dans la prairie ; je ne veux pas venir chez vous, pour que vous inventiez encore quelque histoire qui me fasse gronder !

JULES.

Oh ! Blaise, je t'en prie, viens ; je serai très bon, je ne dirai rien du tout à personne.

BLAISE.

Non, Monsieur Jules, j'aime mieux me promener que jouer.

JULES.

Alors j'irai avec toi.

BLAISE.

Je ne veux pas vous emmener sans la permission de votre papa, Monsieur Jules.

JULES.

Laisse donc ! quelle sottise ! Crois-tu que papa et maman me tiennent en laisse comme un chien de chasse ? Je veux aller avec toi, et j'irai. »

Blaise, ne pouvant empêcher Jules de l'accompagner, se décida à le laisser venir, et ils partirent ensemble, Jules enchanté de sortir du jardin, qui l'ennuyait, et Blaise ennuyé d'avoir Jules pour compagnon.

La lune commençait à se lever et à éclairer le sentier. Les fours étaient tous allumés; Jules eut peur d'abord; mais les explications de Blaise le rassurèrent; il ne se lassait pas de regarder les fours et les hommes travaillant à entretenir le feu. Ils arrivèrent ainsi au moulin. Blaise voulut ouvrir la grille pour traverser la cour, comme il en avait l'habitude; deux énormes dogues accoururent en aboyant dès qu'il mit la main sur la grille; ils montraient deux rangées de dents formidables. Jules eut peur; Blaise appela, personne ne répondit; il passa la main dans les barreaux de la grille pour les flatter et obtenir passage : les chiens s'élancèrent sur la grille et cherchèrent à mordre la main, que Blaise retira promptement.

Comment revenir sans passer par le même chemin? Il y en avait bien un autre, mais Blaise n'aimait pas à le prendre, parce qu'il longeait le cimetière du village; le grand-père, la grand'mère de Blaise y étaient enterrés, et, quand il passait devant leur tombe, il avait du chagrin.

#### BLAISE.

Il faut que nous revenions sur nos pas, Monsieur Jules; les chiens gardent le passage; ils nous dévoreraient si nous entrions dans la cour.

#### JULES.

C'est ennuyeux de revenir par le même chemin; je voudrais passer près des fours à chaux.

BLAISE.

Il y a bien un moyen, Monsieur Jules, mais vous allez avoir peur.

JULES.

Pourquoi ? Y a-t-il du danger ?

BLAISE.

Aucun danger, Monsieur, si vous n'avez pas peur.

JULES.

Dis-moi vite ; qu'est-ce que c'est ?

BLAISE.

Ce serait de traverser le cimetière ; nous nous retrouverons sur la grande route, juste à l'endroit où commencent les fours.

JULES.

Avec toi je n'aurai pas peur ; marche en avant.

BLAISE.

Marchons un peu lestement pour être plus tôt arrivés. »

Ils prirent le chemin du cimetière, situé derrière le moulin. Ils marchaient et approchaient rapidement. Les yeux fixés sur le mur et sur la porte du cimetière, Jules sentait battre son cœur ; ses grands yeux ouverts ne quittaient pas le mur blanc, lorsqu'il s'arrêta et poussa un cri de terreur ; sa main s'allongea involontairement vers le cimetière et désigna l'objet qui le terrifiait.

Blaise regarda Jules avec surprise, suivit la direction de la main, vit une grande forme blanche, un fantôme qui s'élevait lentement au-dessus du

mur, et qui resta immobile quand sa tête et le haut de son corps eurent dépassé le mur. Jules cria; le fantôme tourna vers lui des yeux flamboyants.

Les chiens s'élancèrent sur la grille. (Page 33.)

Jules tremblait de tous ses membres; Blaise n'était pas trop rassuré et restait immobile comme le fantôme; il rassembla enfin tout son courage et fit le signe de la croix. Le fantôme ne bougea pas.

« Ce n'est pas un méchant fantôme, Monsieur Jules, car s'il avait été un mauvais esprit, le signe de la croix l'aurait fait fuir. En tout cas, je vais lui jeter une pierre. »

Et Blaise, se baissant, ramassa une grosse pierre aiguë et la lança de toute sa force et avec une grande adresse à la tête du fantôme, qui poussa une espèce de hurlement effroyable et vint tomber au pied du mur, en dehors du cimetière; il se roula par terre en continuant ses cris. Blaise crut reconnaître des miaulements de chat, et voulut courir à lui pour s'en assurer; mais Jules, pâle et tremblant, le tenait par sa blouse et l'empêchait d'avancer.

### BLAISE.

Lâchez-moi donc, Monsieur Jules, laissez-moi aller voir.

### JULES.

Non, tu n'iras pas; je ne veux pas que tu me laisses seul; j'ai peur, j'ai peur du fantôme.

### BLAISE.

C'est précisément ce que je veux aller voir; ce n'est pas un fantôme, je crois que c'est un chat. Venez avec moi si vous avez peur de rester seul.

### JULES.

Non, non, je ne veux pas y aller.

— Alors faites comme vous voudrez », dit Blaise, et, donnant une secousse pour arracher sa blouse des mains de Jules, il courut vers la forme blanche étendue par terre.

Jules aimait mieux encore approcher du fantôme

avec Blaise que de rester seul; il courut après lui et le rejoignit au moment où Blaise, s'étant baissé, poussa un cri en faisant un saut en arrière; il s'était senti égratigné.

Jules se trouvait tout près de lui; le saut de Blaise le fit trébucher, et il alla tomber sur le fantôme, qui, poussant un dernier hurlement, griffa le visage de Jules comme il avait fait de la main de Blaise. La terreur de Jules fut à son comble; il voulut crier, sa voix ne put sortir de son gosier; il voulut se lever, la force lui manqua, et il resta à terre privé de sentiment.

Il poussa un cri de terreur. (Page 34.)

Dans le premier moment de surprise, Blaise ne songea pas à Jules, et il examina la forme étendue devant lui; la lune venant à sortir de derrière un nuage, il vit distinctement un chat blanc d'une grosseur extraordinaire. C'était lui qui avait grimpé sur le mur du cimetière; la demi-obscurité l'avait fait paraître encore plus gros et plus blanc, et avait donné à sa tête et à son corps l'apparence d'une tête et d'épaules d'homme. Blaise vit avec chagrin que le pauvre animal avait un œil hors de la tête et un côté du crâne brisé; ses convulsions avaient cessé; il ne remuait plus.

« Voyons, Monsieur Jules, dit Blaise en repoussant le chat, continuons notre route; je n'ai pas fait de bonne besogne en lançant ma pierre; je vais demander aux ouvriers des fours à plâtre à qui appartient cet animal. Eh bien, Monsieur Jules, vous ne venez pas? »

Et, se retournant vers Jules, il l'aperçut étendu par terre, pâle et sans mouvement.

« Ah! mon Dieu! qu'est-ce qu'il a donc? Il a perdu connaissance! Que vais-je faire de lui, mon Dieu! Aussi pourquoi l'ai-je laissé venir avec moi; ces enfants de château, c'est poltron comme tout; je vous demande un peu, là! y avait-il de quoi s'évanouir, s'effrayer seulement? »

Le pauvre Blaise était bien embarrassé; il lui soufflait sur la figure, lui tapait le dedans des mains, lui jetait de l'eau sur le visage. Enfin Jules soupira, fit un mouvement; Blaise lui souleva la tête; il ouvrit les yeux, regarda autour de lui, aperçut le chat blanc étendu par terre, fut saisi de frayeur et voulut s'éloigner.

« N'ayez pas peur, Monsieur Jules, c'est un chat, rien qu'un pauvre chat, que j'ai tué d'un coup de pierre, et qui, avant de mourir, s'est vengé sur votre joue et sur ma main. »

Jules, un peu rassuré, se leva lentement et saisit la main de Blaise pour s'éloigner au plus vite de ce chat qu'il avait pris pour un fantôme, et qui lui avait occasionné une si grande frayeur.

« Attendez, Monsieur Jules, dit Blaise; laissez-moi emporter le mort, pour que je le fasse reconnaître par quelqu'un. Un beau chat, ajouta-t-il en le ramassant.

#### JULES.

Par où allons-nous donc passer pour aller à la route?

#### BLAISE.

Par le cimetière, puisqu'il n'y a pas d'autre chemin. Nous ne pouvons pas aller par la cour du moulin, les chiens nous barrent le passage.

#### JULES.

Je ne veux point passer par le cimetière,... non, non,... je ne le veux pas, j'ai trop peur.

#### BLAISE.

De quoi donc auriez-vous peur, Monsieur Jules, puisque vous voyez que notre fantôme n'en est pas un? Ce n'était qu'un chat.

#### JULES.

Je veux retourner par le chemin de la rivière, par lequel nous sommes venus.

#### BLAISE.

Et les fours à chaux, donc, nous ne passerons pas devant? C'est le plus joli de la promenade.

### JULES.

Non, je ne veux pas y aller ; je veux rentrer tout de suite. Si tu ne viens pas avec moi, je vais crier si fort que je vais faire accourir tout le monde.

### BLAISE.

Ah bien ! ce serait honteux pour vous de crier pour rien du tout. Mais, tout de même, comme on pourrait croire que c'est moi qui vous fais crier, il faut bien que je m'en retourne avec vous, et que je laisse mon chat sans demander à qui il appartient. »

Et Blaise, pas trop content de renoncer aux fours à chaux, suivit Jules, qui marchait très vite pour rentrer à la maison le plus tôt possible. A cent pas de l'avenue du château ils rencontrèrent Hélène et sa bonne, qui les cherchaient de tous côtés.

### HÉLÈNE.

Où as-tu été, Jules ? Maman n'est pas contente ; elle a su que tu étais sorti avec Blaise ; elle craint qu'il ne te soit arrivé quelque accident ; il est très tard, nous devrions être couchés depuis longtemps ; allons, mon frère, rentrons vite, tu vas être grondé.

### JULES.

Ce n'est pas ma faute, c'est Blaise qui m'a emmené bien loin ; il m'a mené dans des chemins dangereux, j'ai manqué d'être mangé par des chiens énormes, et puis j'ai manqué d'être étranglé par les fantômes du cimetière.

### HÉLÈNE.

Qu'est-ce que tu dis ? Les fantômes du cimetière ! Tu sais bien qu'il n'y a pas de fantômes.

**BLAISE.**

Ne l'écoutez pas, Mademoiselle; en fait de fantômes, nous n'avons vu qu'un gros chat blanc monté sur le mur du cimetière. Je l'ai malheureusement tué d'un coup de pierre. Et quant à emmener M. Jules, c'est bien lui qui a voulu absolument venir avec moi, et j'aurais mieux aimé qu'il ne vînt pas, j'ai tout fait pour l'empêcher de m'accompagner.

**HÉLÈNE.**

Jules, tu dis toujours sur Blaise des choses qui ne sont pas vraies; c'est très mal; ne répète pas à maman ce que tu m'as dit, parce que tu ferais injustement gronder le pauvre Blaise.

**BLAISE.**

Merci, Mademoiselle; je ne crains pas ce que M. Jules peut rapporter de moi, pourvu qu'il dise la vérité. »

Hélène ne répondit pas et soupira; elle savait que Jules mentait souvent, et elle craignait qu'il ne fît gronder le pauvre Blaise, qu'elle savait innocent.

Mme de Trénilly était descendue dans la cour pour avoir des nouvelles de Jules, dont elle était inquiète; en le voyant revenir avec sa sœur, elle alla à eux et demanda avec inquiétude ce qui l'avait retenu si longtemps.

**JULES.**

Maman, c'est Blaise qui m'a emmené bien loin; j'avais très peur, mais il ne voulait pas revenir, et m'a fait aller au cimetière.

LA COMTESSE.

Au cimetière! Pour quoi faire? et qu'as-tu donc à ton habit? Le dos est plein de poussière, comme si tu t'étais roulé par terre. Serais-tu tombé? T'es-tu fait mal?

JULES.

C'est Blaise qui m'a fait tomber en tuant un superbe chat blanc.

LA COMTESSE.

Pourquoi a-t-il tué ce chat? Comment t'a-t-il fait tomber en le tuant? Il est donc méchant, ce Blaise?

JULES.

Oui, maman, il est très méchant et il ment souvent ou plutôt toujours.

— Maman, reprit Hélène avec indignation, Blaise est très bon et ne ment pas. C'est Jules qui ment et qui est méchant. Blaise m'a dit que Jules avait voulu absolument le suivre à la promenade, et il a tué ce chat parce qu'ils l'ont pris pour un fantôme : mais il ne voulait pas le tuer, et il en est très fâché.

LA COMTESSE.

Blaise peut mentir aussi bien que Jules. Pourquoi excuser un étranger pour accuser ton frère?

HÉLÈNE.

Parce que je connais Jules, maman, et je sais qu'il ment souvent.

LA COMTESSE.

Hélène, toi qui prétends être pieuse, sois plus charitable et plus indulgente pour ton frère. Montons au salon ; je tâcherai demain de savoir quel est le menteur, et je promets qu'il sera puni comme il le mérite. »

Jules eût mieux aimé que sa mère ne parlât plus de cette affaire; mais Hélène, qui avait pitié du pauvre Blaise calomnié, fut au contraire satisfaite de la promesse de sa mère. En allant se coucher, elle reprocha à Jules sa méchante conduite; il répondit, comme à son ordinaire, par des injures et des coups de pied.

Le lendemain, la comtesse alla seule chez Anfry; elle fit venir Blaise, qu'elle questionna beaucoup, et elle acquit la certitude de l'innocence de Blaise et de la méchanceté de Jules; mais la crainte de rabaisser son fils en donnant raison à un petit paysan l'empêcha de punir Jules comme il le méritait.

# V

## UN MALHEUR

Un jour, Blaise bêchait et arrosait le jardin d'Hélène, lorsqu'ils entendirent des cris perçants qui provenaient d'une maison placée de l'autre côté du chemin, et habitée par une pauvre femme et ses cinq enfants. Blaise jeta sa bêche et courut vers la maison d'où partaient les cris; Hélène l'avait suivi; ils arrivèrent au moment où la pauvre femme retirait d'une mare pleine d'eau son petit garçon de deux ans, qu'elle avait laissé jouer dans un verger au milieu duquel était la maison. Dans un coin du verger elle avait creusé une petite mare pour y laver le linge de son plus jeune enfant, âgé de trois mois. Elle était rentrée pour faire manger au petit sa bouillie, et, pendant cette courte absence, celui de deux ans était tombé dans la mare; il n'avait pas pu en sortir et il avait été noyé. La mère poussait des cris perçants. Les voisins accoururent; les uns soutenaient la mère, qui se débattait en convulsions; les autres avaient ramassé l'enfant, le déshabillaient et essuyaient l'eau qui coulait de ses cheveux et de tout son corps. Blaise courut à toutes jambes chercher un médecin. Hélène, quoique saisie et tremblante, aidait à essuyer l'enfant et à l'envelopper de linges chauds et secs. Elle pensa ensuite que d'autres voisines de la pauvre femme pourraient, en attendant le médecin, aider à rappeler la vie et la chaleur dans le corps de ce pauvre petit, et elle courut les prévenir du malheur qui était arrivé. Deux habitants du voisinage, M. et Mme Renou, prirent chez eux différents remèdes qui pouvaient être utiles, et entrèrent chez la pauvre femme. Pendant que Mme Renou cherchait à consoler et à encourager la malheureuse mère, M. Renou fit étendre l'enfant sur une couverture de laine, devant le feu; on le frotta d'eau-de-vie, d'alcali, de moutarde, on lui fit respirer des sels, de l'alcali; on employa tous les moyens usités en de pareils accidents, mais sans succès : l'enfant était sans vie et glacé. Quand son malheur fut certain, la pauvre femme se jeta à genoux devant le corps de son enfant, le couvrit de baisers et de larmes, le serra dans ses bras en l'appelant des noms les plus tendres. On voulut vainement la relever, lui enlever son enfant; elle le retenait avec force et ne voulait pas s'en détacher. Enfin elle perdit connaissance et tomba dans les bras des personnes qui l'entouraient. On profita de son évanouissement pour la déshabiller, la coucher dans son lit et porter l'enfant dans une chambre voisine. La bonne petite Hélène n'avait

La pauvre femme le retirait d'une mare pleine d'eau.
(Page 47.)

pas été inutile pendant cette scène de désolation : elle berçait et soignait le petit enfant de trois mois, dont personne ne s'occupait, et qui criait pitoyablement dans son berceau. Hélène finit par le calmer et l'endormir.

Quand tout fut fini pour l'enfant noyé et qu'on l'eut posé sur un lit, enveloppé de couvertures, le médecin arriva.

« Eh bien, dit-il, l'enfant respire-t-il encore?

— Je le crois mort, dit Mme Renou; mais il y aurait peut-être à employer des moyens que je ne connais pas; essayez, Monsieur, et tâchez de rappeler cet enfant à la vie. »

Le médecin découvrit le corps, appliqua l'oreille contre le cœur; après un examen de quelques minutes, il se releva.

« L'enfant est bien mort, dit-il; je n'entends pas les battements de son cœur.

— Mais n'y aurait-il pas quelque remède qui pourrait le ranimer?

— Je n'en connais pas. Faites ce que vous avez déjà fait : soufflez de l'air dans la bouche, frottez le corps d'alcali, mettez des sinapismes, tâchez de ranimer les battements du cœur; mais je crois que tout sera inutile, car l'enfant est mort, sans aucun doute. »

En disant ces mots, jetant à la mère désolée un regard de compassion, il quitta la chambre et alla voir d'autres malades. Mme Renou, désolée de cet arrêt du médecin et de son prompt départ, s'écria :

« Un peu de courage encore! On a vu faire revenir des noyés après deux heures de soins; nous n'avons pas réussi jusqu'à présent, mais nous serons peut-être plus heureux en continuant. »

Mme Renou, aidée des voisins charitables qui n'avaient cessé de donner tous leurs soins à la mère et à l'enfant, recommença ce qui avait été vainement essayé depuis une heure. La pauvre mère reprit quelque espoir en voyant continuer les secours que l'arrivée du médecin avait interrompus.

Pendant plus d'une heure encore, on ne cessa de frictionner, réchauffer l'enfant, mais sans obtenir aucun bon résultat.

*Il appliqua l'oreille contre le cœur*

Quand Mme Renou vit l'inutilité de leurs efforts, elle enveloppa l'enfant dans des linges qui devaient être son linceul, et elle le laissa sur le lit de la chambre où il avait été transporté.

« Mon enfant, mon cher enfant! s'écria la mère en voyant revenir Mme Renou, vous l'avez abandonné.

— Tout est fini, ma pauvre femme, dit Mme Renou. Le bon Dieu a repris votre enfant pour son plus grand bonheur; il est au ciel, où il prie pour vous et pour ses frères et sœurs.

— Mon enfant, mon cher petit enfant! criait la pauvre mère en sanglotant; le perdre ainsi! le voir mourir sous mes yeux, à dix pas de moi! Oh! c'est trop affreux! J'aurais été moins désolée de le voir mourir dans son lit.

— Ma pauvre femme, pensez que si votre enfant était mort dans son lit, c'eût été par maladie, et que vous l'auriez vu souffrir cruellement pendant plusieurs jours; c'eût été plus terrible encore; le bon Dieu vous a épargné cette douleur. »

Pendant longtemps encore, Mme Renou resta près de la pauvre femme sans pouvoir calmer son désespoir. Elle la quitta enfin, la laissant aux mains des voisines, dont les consolations furent des plus rudes, mais des plus efficaces.

« Voyons, ma bonne Marie, lui dit l'une, vous n'êtes pas raisonnable; puisque le bon Dieu le veut, vous ne pouvez l'empêcher.

— A quoi vous sert de vous désoler ainsi, dit l'autre; ce ne sont pas vos cris ni vos pleurs qui feront revivre l'enfant.

— Soyez raisonnable, dit la troisième, et voyez donc qu'il vous reste encore quatre enfants; il y en a tant qui n'en ont pas.

— Et le pauvre innocent qui, en se réveillant, aura besoin de votre lait; quelle nourriture vous lui donnerez en vous chagrinant comme vous le faites !

— On fera de son mieux pour vous soulager, ma pauvre Marie ; tenez, voyez Mme Désiré qui prend votre enfant et qui va le nourrir avec le sien. »

En effet, Mme Désiré Thorel, bonne et gentille jeune femme qui demeurait tout près, et qui avait un enfant au maillot, était accourue à la première nouvelle du malheur arrivé à Marie. Elle avait aidé avec bonté et intelligence Mme Renou dans les soins donnés à l'enfant noyé ; au réveil du petit, qu'Hélène avait endormi, elle le prit, l'enveloppa de langes et l'emporta chez elle pour le nourrir et le soigner avec le sien ; elle ne le reporta que plusieurs heures après, lorsque la mère, revenant un peu à elle et au souvenir de ses autres enfants, demanda ce dernier petit, le seul qui pût être près d'elle ; les autres étaient à l'école ou dans une ferme, où on les employait à garder des dindes et des oies.

Pendant plusieurs jours elle fut inconsolable ; le temps agit enfin sur son chagrin comme il agit sur tout : il l'usa et le diminua insensiblement. Mme Renou et Hélène allèrent tous les jours et plusieurs fois par jour lui donner des consolations, adoucir sa douleur et pourvoir à ses besoins et à ceux de sa famille. Hélène s'occupait des enfants, les peignait, les lavait ; elle rangeait les vêtements épars, mettait de l'ordre dans le ménage, pendant que Mme Renou causait avec Marie et cherchait à lui donner la résignation d'une pieuse chrétienne soumise aux volontés de Dieu.

Jules profitait des absences plus fréquentes d'Hélène pour multiplier ses sottises, dont le pauvre Blaise était toujours l'innocente victime, comme on va le voir dans les chapitres suivants.

# VI

### VENGEANCE D'UN ÉLÉPHANT

« Broum, broum, broum. Voyez, Messieurs, Mesdames, l'animal le plus grand de tous les animaux créés par le bon Dieu, et, malgré sa grande taille, le plus doux, le plus obéissant. Venez, Messieurs, Mesdames, admirer cet animal et son savoir-faire; deux sous par tête, deux sous. »

L'homme qui parlait ainsi était entré dans la cour du château avec son éléphant, un des plus gros de son espèce et, comme le disait son maître, un des plus doux. En un instant une douzaine de têtes se firent voir aux fenêtres, entre autres celle de Jules; il accourut aussitôt pour voir l'animal de plus près; Hélène et sa mère le suivirent bientôt, ainsi que tous les domestiques. Quand il y eut dans la cour assez de monde pour donner une représentation du savoir-faire de l'éléphant, le maître passa une sébile devant toutes les personnes présentes, et chacun y déposa son offrande. La sébile se trouvant suffisamment remplie, le maître fit déployer à l'éléphant tous ses talents. Il lui fit lancer une énorme boule et la recevoir au bout de sa trompe; il lui fit saluer la compagnie; déboucher une bouteille de vin, en verser un verre plein, l'avaler sans en répandre une goutte, en verser un second verre et y tremper une tranche de pain qu'il avala comme une pilule; il lui fit casser des noix avec son gros pied de devant; il lui fit transporter en tas des pierres que deux hommes pouvaient à peine soulever, et que l'éléphant enleva avec la même facilité qu'un enfant aurait mise à manier une noix; et il lui fit exécuter beaucoup d'autres tours plus ou moins difficiles, qui excitaient l'admiration de tous les spectateurs.

Quand la représentation fut terminée, le maître s'approcha de M. de Trénilly et lui demanda la permission de coucher dans une de ses granges. M. de Trénilly y consentit, à la grande joie des enfants, qui comptaient bien revoir l'éléphant dans son appartement et lui apporter à manger.

« Que donnez-vous à dîner à votre éléphant? demanda Jules au maître.

— Des boulettes de farine et d'œufs, Monsieur, et un baquet de son avec des choux et des carottes.

— Où sont vos boulettes? demanda Jules.

— Je vais les apprêter, Monsieur; elles ne sont pas encore faites.

— Blaise, Blaise, allons voir faire les boulettes

La représentation.

de l'éléphant, et nous regarderons comment il les mange.

— Je n'ai pas le temps en ce moment, Monsieur ; j'ai de l'ouvrage pour le maître d'école qui m'a commandé des modèles d'écriture pour les enfants qui commencent.

— Bah ! tu les feras plus tard ; viens, viens vite !

— Impossible, Monsieur ; plus tard je n'aurai pas le temps.

— Papa, papa, dit Jules à M. de Trénilly, dites à Blaise de venir jouer avec moi ; il croit que vous le gronderez s'il quitte son travail.

— Va jouer, Blaise, dit M. de Trénilly, tu travailleras un autre jour.

— Mais, Monsieur le comte...

— Va donc, quand je te le dis, reprit M. de Trénilly avec quelque impatience : il est bon d'aimer à travailler, mais il faut aussi savoir jouer ; chaque chose en son temps. »

Blaise n'osa pas répliquer et suivit à contre-cœur et à pas lents Jules qui courait à la ferme pour voir faire les boulettes et la soupe de l'éléphant.

« Blaise, Blaise, dépêche-toi ; viens voir tout ce qu'on met dans les boulettes de l'éléphant. »

Blaise ne se dépêchait pas ; quand il arriva, les boulettes étaient à moitié faites ; c'étaient des boules, grosses comme des melons ; dans chacune d'elles il y avait douze œufs, une bouteille de lait, une livre de beurre et deux livres de pain ; tout cela était mêlé, pétri et roulé. La soupe se composait d'un demi-tonneau d'eau dans laquelle on faisait cuire deux énormes paniers de choux, de carottes, de navets, de pommes de terre, avec une forte poignée de sel et une livre de beurre.

« Cet éléphant doit coûter cher à nourrir, dit Blaise, il mange à un seul repas ce qui nous suffirait pour huit jours à papa, maman et moi.

**JULES.**

Tu vois bien qu'il n'y avait pas de viande; il vous faut de la viande pour vivre, je suppose.

**BLAISE.**

De la viande, Monsieur Jules! nous n'en mangeons que le dimanche, et il ne nous en faut pas beaucoup; avec un morceau gros comme le poing nous en avons de reste pour le lendemain.

— Pas possible! s'écria Jules avec étonnement. Moi, je ne mange que de la viande; que manges-tu donc les jours de la semaine?

**BLAISE.**

Du fromage, un œuf dur, des légumes, avec du pain, bien entendu. Quant au pain, j'en ai tant que j'en veux.

**JULES.**

Ah! bien, moi, si on ne me donnait pas de viande, je ne mangerais rien du tout.

**BLAISE.**

Ce serait tant pis pour vous, Monsieur Jules, car vous souffririez de la faim; et quand on a faim on trouve bon tout ce qui se mange. Mais voyez, voilà qu'on porte à manger à l'éléphant; approchons pour le voir avaler ses boulettes. »

Jules courut à la grange; il voulut entrer.

« N'entrez pas, mon petit monsieur, lui dit le gardien; quand l'éléphant va manger et pendant qu'il mange, il n'est pas commode; il pourrait vous faire du mal.

— C'est ennuyeux, dit Jules en tapant du pied; j'aurais voulu le voir quand il mange.

— Tenez, Monsieur Jules, dit Blaise, montez sur ce banc de pierre qui est sous la fenêtre; vous verrez très bien dans la grange sans courir aucun danger. »

Jules grimpa sur le banc; la fenêtre de la grange était ouverte; il vit parfaitement l'éléphant saisir les boules avec sa trompe et les porter à sa bouche; de même pour la soupe; sa trompe lui servait de cuillère et de fourchette.

Quand il eut fini son repas, il tourna la tête vers Jules et Blaise, qui restaient à la fenêtre, et allongea vers eux sa trompe comme pour demander quelque chose.

« On croirait, dit Blaise, qu'il demande son dessert; j'ai tout juste dans ma poche une demi-douzaine de pommes que j'ai ramassées devant notre porte; je vais voir s'il les aime. »

Et Blaise présenta une pomme à la trompe de l'éléphant; l'animal la flaira un moment, la saisit et l'avala; une autre, puis une troisième eurent le même succès; quand toutes les six furent mangées et qu'il continua à allonger sa trompe pour en demander encore, Jules tira de sa poche une longue épingle avec laquelle il embrochait les pauvres papillons et hannetons qu'il attrapait, et piqua fortement le bout de la trompe de l'éléphant. Celui-ci parut irrité ; il secoua sa trompe et sa tête, leva les jambes l'une après l'autre comme s'il faisait le mouvement d'écraser quelque chose ; mais il se calma promptement et allongea encore une fois sa trompe, la dirigeant vers Blaise.

« Je n'ai plus rien, mon pauvre ami, dit Blaise en lui faisant voir ses deux mains vides et en lui caressant la trompe.

— Mais moi, j'ai encore quelque chose pour toi, mon cher, s'écria Jules. Tiens, tiens, tiens. »

Et il accompagna chaque *tiens* d'un

« J'ai encore quelque chose pour toi.... »

fort coup d'épingle sur sa trompe allongée.

Cette fois l'animal poussa un cri discordant, et regarda autour de lui comme pour chercher un moyen de se venger. Puis il se retourna vers un énorme cuvier, plein d'eau qu'on y avait versée pour le faire boire.

« Il boit ! il boit ! s'écria Jules. Dieu, quelle quantité d'eau il avale ! »

Quand l'éléphant eut presque vidé le cuvier, il se retourna vers la fenêtre où étaient toujours Jules et Blaise ; il allongea sa trompe vers Jules et lui lança un jet d'eau avec une telle force, que Jules fut jeté de dessus le banc où il était monté. La trompe de l'éléphant le poursuivit à terre et continua à l'inonder de telle façon, qu'il ne pouvait ni crier ni se relever.

Le bon Blaise, effrayé des mouvements convulsifs de Jules, et ne sachant comment faire finir la vengeance de l'éléphant, s'élança vers le bout de la trompe en joignant les mains et en criant :

Jules fut jeté par terre.

« Oh ! éléphant, mon cher éléphant, cesse, je t'en prie ! tu vas le faire étouffer. »

Dès que l'éléphant vit que Blaise, qui s'était

jeté devant Jules, allait être inondé, il arrêta sa vengeance, et, rentrant sa trompe, il reversa l'eau qui y était encore dans le cuvier d'où il l'avait tirée.

Blaise aida Jules à se relever; à peine fut-il debout, qu'il repoussa Blaise avec colère en criant :

« C'est ta faute, méchant, vilain; c'est toi qui m'as fait monter sur ce banc; c'est toi qui as attiré l'éléphant en lui donnant de vilaines pommes, que tu nous as volées probablement. Va-t'en; je le dirai à papa.

— Comment, Monsieur Jules, répondit Blaise tout surpris. Qu'ai-je donc fait? Je vous ai fait monter sur le banc pour que vous voyiez mieux; j'ai donné mes pommes à l'éléphant pour lui faire plaisir; et les pommes étaient bien à moi, elles sont tombées d'un pommier qui est à papa. »

Jules continuait à crier et à repousser à coups de pied et à coups de poing le pauvre Blaise, qui voulait l'aider à marcher avec ses habits ruisselants d'eau.

Toute la maison était accourue aux cris de Jules : quand Hélène le vit trempé des pieds à la tête, elle eut peur et crut à un accident.

« Non, c'est la faute de ce méchant Blaise, dit Jules, pleurant pendant qu'on l'emmenait; c'est lui qui a tout fait.

HÉLÈNE.

Comment, Blaise, tu as jeté Jules dans l'eau?

BLAISE.

Non, Mademoiselle; je ne sais pas pourquoi M. Jules rejette la faute sur moi; je n'ai rien fait de mal, que je sache.

##### HÉLÈNE.
Qu'est-ce qui l'a mouillé ainsi?

« C'est la faute de ce méchant Blaise. »

##### BLAISE.
C'est l'éléphant, Mademoiselle, qui lui a craché de l'eau à la figure.

##### HÉLÈNE.
Ah! ah! ah! j'aurais voulu le voir. Ah! ah! ah!

cela devait être drôle, car ce n'est certainement pas dangereux.

### BLAISE.

Ma foi, Mademoiselle, l'éléphant était bien en colère tout de même, et si je ne m'étais pas jeté devant M. Jules, l'eau aurait fini par l'étouffer, car il ne pouvait pas respirer.

### HÉLÈNE.

Pourquoi l'éléphant était-il en colère et pourquoi ne t'a-t-il pas jeté de l'eau comme à Jules? »

Blaise raconta à Hélène ce qui était arrivé, et Hélène lui promit de le redire à sa maman, pour qu'elle ne crût pas les mensonges de Jules.

A peine Hélène avait-elle quitté Blaise, qui s'en retournait tristement à la maison, qu'elle rencontra son père qui avait l'air irrité.

### LE COMTE.

Sais-tu où est Blaise, Hélène? Je cherche ce petit drôle pour lui tirer les oreilles; il ne fait que des sottises et des méchancetés.

### HÉLÈNE.

Et qu'a-t-il donc fait, papa?

### LE COMTE.

Il a manqué faire tuer Jules par l'éléphant en le forçant à monter sur une fenêtre d'où il ne pouvait plus descendre, et puis ce mauvais garnement s'est mis à exciter l'éléphant; quand celui-ci a été bien en colère, Blaise s'est sauvé bravement; le pauvre Jules, qui était pris sur cette fenêtre, a été jeté par terre par l'éléphant, qui lui lançait à la figure toute l'eau qu'il avait pu ramasser dans sa trompe.

##### HÉLÈNE.

Je crains, papa, que Jules n'ait menti cette fois encore ; Blaise vient de me raconter comment la chose s'est passée, et il n'a aucun tort. »

Et Hélène raconta à son père ce que venait de lui dire le pauvre Blaise. M. de Trénilly fut très embarrassé, car, cette fois encore, l'un des deux mentait ; et comment savoir lequel ? Après quelques instants de réflexion, il dit :

« Je trouve pourtant singulier, Hélène, que, chaque fois que Jules sort avec Blaise, il lui arrive quelque fâcheuse aventure ; et quand il sort seul ou avec d'autres, il ne se passe rien d'extraordinaire.

##### HÉLÈNE.

C'est vrai, papa, et pourtant je suis sûre que Blaise n'a aucun tort et que Jules invente.

##### LE COMTE.

Nous saurons cela un jour ou l'autre ; mais, en attendant, j'engagerai Jules à jouer le moins possible avec ce Blaise, que je crois être un vaurien. »

# VII

## LA MARE AUX SANGSUES

Jules resta effectivement quelques jours sans faire venir Blaise; mais M. de Trénilly venait de lui donner un âne, et il avait besoin de quelqu'un pour l'accompagner dans ses promenades.

« Papa, dit-il à son père, voulez-vous que j'aille chercher Blaise pour jouer avec moi?

LE COMTE.

Tu sais, Jules, que je n'aime pas à te voir sortir avec Blaise; il t'arrive chaque fois une aventure désagréable.

JULES.

Papa, c'est que je voudrais monter à âne, et j'ai besoin de lui pour m'accompagner.

LE COMTE.

Tu as monté à âne tous ces jours-ci et tu t'es bien passé de Blaise.

JULES.

Oui, papa, parce que je suis resté dans le parc

mais je voudrais aller dans les champs, et maman ne veut pas que j'y aille seul.

LE COMTE.

Va le chercher, mon ami, je le veux bien, mais ne l'écoute pas et ne souffre pas qu'il te fasse quelque sottise.

— Oh! papa, soyez tranquille », dit Jules en s'élançant hors de la chambre pour courir chez Blaise.

Il arriva tout essoufflé chez Anfry.

« Où est Blaise? dit-il, j'ai besoin de lui.

— Blaise n'y est pas, Monsieur, répondit Anfry d'un ton sec.

JULES.

Où est-il? je veux l'avoir tout de suite.

ANFRY.

Il est dans les champs, Monsieur, à arracher des pommes de terre.

JULES.

Allez le chercher.

ANFRY.

Je ne peux pas, j'ai de l'ouvrage pressé.

JULES.

Alors je vais dire à papa que vous ne voulez pas laisser Blaise venir avec moi, et papa vous grondera, et je serai bien content.

ANFRY.

Vous direz ce que vous voudrez, Monsieur; je ne crains rien, parce que je fais mon devoir.

JULES.

De quel côté est Blaise?

ANFRY.

Du côté de la mare aux sangsues?

JULES.

Pourquoi l'appelle-t-on mare aux sangsues?

ANFRY.

Parce qu'il y a des sangsues dedans, bien probablement. »

Jules forma le projet d'aller seul rejoindre Blaise; il rentra à la maison, fit seller son âne, et partit comme pour se promener dans le parc. Mais il sortit par une petite barrière et fit galoper son âne du côté de la mare aux sangsues; la route était pierreuse, mauvaise et assez longue, et, comme il ne connaissait pas bien le chemin, il mit près d'une heure pour y arriver. Il y trouva effectivement Blaise qui travaillait avec ardeur à arracher les pommes de terre de son père; il les mettait en tas pour les emporter dans des paniers ou dans des sacs qu'il plaçait sur une brouette. Il travaillait si activement qu'il n'entendit ni ne vit arriver Jules et l'âne.

« Blaise! Blaise! » cria Jules.

Blaise se releva, vit Jules et reprit son ouvrage sans répondre.

« Blaise! reprit Jules avec impatience, n'entends-tu pas que je t'appelle?

BLAISE.

Oui, Monsieur Jules; mais vous ne me demandiez rien, alors je n'avais pas à vous répondre

JULES.

Puisque je t'appelle, c'est que j'ai besoin de toi.

BLAISE.

Pour quoi faire, Monsieur Jules? J'ai de l'ouvrage pressé.

JULES.

Pour m'accompagner dans ma promenade à âne. Maman ne veut pas que j'aille seul dans les champs.

BLAISE.

Alors pourquoi y êtes-vous venu? Et puisque vous êtes venu seul, vous pouvez bien vous en retourner de même.

JULES.

Tu es un méchant, un grossier, un impertinent, je le dirai à papa.

BLAISE.

Ah bah! dites ce que vous voudrez, ce ne sera pas la première fois que vous aurez fait des contes; je ne puis pas vous en empêcher; d'ailleurs, le bon Dieu est là pour me protéger.

JULES.

Je m'en vais, vilain, et jamais, non jamais, entends-tu bien, je ne te laisserai monter mon âne.

BLAISE.

Est-ce que j'ai besoin de votre âne, moi? J'ai deux jambes qui valent mieux que les quatre de votre âne.

— Imbécile! insolent! » lui cria Jules en s'en allant.

Blaise reprit son ouvrage en riant de la colère de Jules, et Jules reprit sa promenade en pestant contre Blaise. Il cherchait, sans le trouver, le moyen de le faire gronder, il ne voulait pas avouer qu'il avait désobéi en allant seul dans les champs, et il ne pouvait pas dire que Blaise l'eût accompagné en partant, puisque les domestiques l'avaient vu sortir seul.

« Voyons, se dit-il, cette mare où il y a des

Jules tomba dans l'eau.

sangsues; je voudrais bien en voir quelques-unes. »

Il approcha tout près de l'eau, mais il eut beau y regarder, il n'en vit pas une seule. La pente qui y descendait était douce; il fit entrer son âne dans l'eau, pensant que les sangsues auraient peur du clapotement produit par les jambes de l'âne et qu'elles se montreraient; mais il ne vit rien encore. Il fit avancer un peu plus son âne, jusqu'à ce qu'il eût de l'eau à mi-jambes; il commença alors à voir des bêtes noires, plates, longues comme le doigt, qui nageaient autour de l'âne, et qui se posaient sur ses jambes. Jules s'amusait à les regarder et à les voir accourir de tous côtés, lorsque l'âne se mit à sauter, à ruer; Jules perdit l'équilibre, tomba dans l'eau, et l'âne sortit de la mare et se dirigea vers le château en courant de toutes ses forces.

Il n'y avait pas beaucoup d'eau dans l'endroit où était tombé Jules; il se releva lentement, et sentit trois ou quatre piqûres au visage; il crut que c'était une guêpe et y porta la main pour la chasser; sa main rencontra quelque chose de froid qu'il ne put enlever, et les piqûres devenaient de plus en plus douloureuses; il en sentit une à la main, et vit avec effroi que c'était une sangsue qui s'y était attachée; il en était de même à la figure. Jules poussa des cris perçants. Blaise, oubliant ses menaces, accourut à son aide; en le voyant sortir de la mare avec trois sangsues au nez et aux joues, il s'approcha vivement de lui et en enleva quatorze autres qui s'étaient posées sur ses vêtements, et grimpaient pour arriver au cou, aux mains, au visage.

« Déshabillez-vous vite, Monsieur Jules; il pourrait y en avoir dans votre pantalon. »

Jules, tremblant de peur, n'aurait pu défaire ses vêtements sans le secours de Blaise, qui, en deux secondes, lui enleva tout ce qu'il avait sur le corps; il trouva encore quelques sangsues dans le bas du pantalon et sur la veste. Après avoir bien exprimé l'eau des vêtements mouillés, il se déshabilla lui-même, passa à Jules sa chemise sèche, sa blouse, son pantalon et ses sabots, et revêtit lui-même la chemise glacée et le pantalon trempé de Jules.

BLAISE.

Je vous demande pardon, Monsieur Jules, de vous habiller si grossièrement, mais vous êtes du moins dans des vêtements secs et chauds, et vous ne prendrez pas froid. Maintenant, ce que nous pouvons faire de mieux, c'est de courir, au lieu de marcher, et de rentrer bien vite.

Il avait trois sangsues au visage.

JULES.

Je ne peux pas courir avec tes vilains sabots; les sangsues me piquent.

BLAISE.

Il faut bien pourtant arriver chez vous, Monsieur Jules, pour qu'on vous porte secours et qu'on fasse tomber les sangsues.

###### JULES.

C'est ta faute, aussi. Tu m'as laissé aller seul, au lieu de venir avec moi.

###### BLAISE.

Mais, Monsieur Jules, vous étiez bien venu seul, et j'avais mes pommes de terre à rentrer; je ne pouvais pas deviner que vous iriez vous jeter dans la mare aux sangsues.

###### JULES.

Si tu étais venu avec moi, tu m'aurais empêché de tomber.

###### BLAISE.

Et comment vous en aurais-je empêché? Vous ne m'auriez pas écouté.

###### JULES.

Non; mais quand l'âne s'est mis à sauter dans l'eau, tu l'aurais tenu par la bride, et tu l'aurais doucement fait sortir de la mare.

###### BLAISE.

Il m'aurait donc fallu entrer dans la mare, pour avoir cinquante sangsues aux jambes? Grand merci!

###### JULES.

Le grand malheur quand tu aurais eu les jambes piquées! Moi, je n'aurais pas eu de morsures au visage et à la main.

###### BLAISE.

Ah bien! Monsieur Jules, voilà le merci que vous me donnez pour vous avoir empêché d'avoir encore une quinzaine de sangsues après vous, et pour vous avoir donné des habits secs en place des vôtres qui me glacent le corps!

JULES.

Ils sont jolis, tes habits ! Une sale grosse chemise, un mauvais pantalon rapiécé, une vieille blouse et

« Tu es bien heureux d'avoir mes beaux habits! »

d'affreux sabots qui me gênent. Tu es bien heureux d'avoir mes beaux habits; tu n'as jamais eu de chemise si fine et un si joli pantalon!

— Ah bien ! reprenons chacun le nôtre, dit Blaise

en s'arrêtant, indigné de tant d'égoïsme, d'orgueil et d'ingratitude; et tirez-vous d'affaire comme vous pourrez.

— Non, je ne veux pas! s'écria Jules, qui craignait de grelotter dans ses beaux habits mouillés. Je me déshabillerai à la maison. »

Blaise aurait pu reprendre de force ses habits, mais il ne voulut pas infliger cette punition à Jules, et, sentant le froid le gagner, il se mit à marcher bon train pour entrer chez lui, sans faire attention aux cris de Jules qui suivait de loin en traînant ses sabots et criant.

« Attends-moi, attends-moi, méchant égoïste! Voleur, rends-moi mes habits! je te les ferai reprendre par papa. Tu vas voir ce que je vais lui raconter! »

Blaise rentra chez son père par une petite porte du parc, pendant que Jules revenait chez lui honteux et inquiet. Les sangsues étaient tombées en route, et le sang qui coulait des piqûres lui inondait le visage. Son père était à la porte quand il le vit entrer dans ce pitoyable état.

#### LE COMTE

Qu'as-tu, Jules, mon garçon? Tu es blessé?

#### JULES.

C'est Blaise, papa; c'est sa faute.

#### LE COMTE.

Encore ce petit misérable! J'avais raison de ne pas vouloir te laisser aller avec lui. Mon pauvre enfant, dans quel état tu es! »

Et, le prenant dans ses bras, il l'emporta dans

sa chambre, où la bonne Hélène lui prodigua les premiers soins. En lavant le sang qui couvrait son visage, elle vit avec surprise les piqûres de sangsues.

« C'est Blaise, papa; c'est sa faute. »

« Qu'est-ce qui t'a mis des sangsues au visage? s'écria M. de Trénilly étonné.

— C'est Blaise, qui m'a fait aller à la mare aux

sangsues, qui m'a jeté dedans après y avoir fait entrer le pauvre âne, et qui m'a forcé de mettre ses vieux habits pour prendre les miens, dont il veut faire ses habits de dimanche.

— Nous verrons bien cela, dit M. de Trénilly, profondément irrité. Je l'obligerai bien vite de tout rendre, et je lui ferai donner le fouet par son père. »

Un domestique frappa à la porte.

« Entrez, dit la bonne.

— Voici un paquet des habits de M. Jules, qu'Anfry vient de rapporter; il demande ceux de Blaise et des nouvelles de M. Jules.

— Tes habits! dit avec quelque émotion M. de Trénilly. Tu disais, Jules, que Blaise voulait les garder!

JULES, *avec embarras.*

C'est son papa qui l'aura forcé à les rendre, probablement. Il aura eu peur de vous; j'avais dit à Blaise que je vous raconterais tout.

— Dites à Anfry qu'il vienne me parler dans ma chambre », dit M. de Trénilly au domestique.

Le domestique sortit.

La bonne avait arrêté le sang avec de la poudre de colophane et avait rhabillé Jules. Son père voulait l'emmener, mais Jules eut peur de se trouver en présence d'Anfry, et il demanda à rester sur son lit.

« Comment va M. Jules, Monsieur le comte? dit Anfry en entrant. Blaise m'a raconté l'accident qui lui est arrivé, et je craignais qu'il ne fût indisposé.

— Sans être malade, il n'est pas bien, répondit M. de Trénilly ; mais je m'étonne que votre fils ait osé vous parler d'un accident dont il a été la seule cause et dans le but ignoble de s'approprier les habits de Jules.

ANFRY.

Je ne comprends pas ce que veut dire Monsieur le comte ; Blaise n'a rien fait qui puisse mériter des reproches ; au contraire, c'est lui qui est venu au secours de M. Jules.

LE COMTE.

Joli secours, en vérité, que de le pousser dans une mare pleine de sangsues !

ANFRY.

Mais, Monsieur le comte, comment pouvait-il pousser M. Jules, puisqu'il n'était pas avec lui ?

LE COMTE.

Pas avec lui ! Voilà qui est fort, quand l'échange des habits prouve clairement qu'ils étaient ensemble.

ANFRY.

Pardon, Monsieur le comte ; entendons-nous. Blaise a donné ses vêtements à M. Jules, qui grelottait dans les siens tout trempés, lorsque, l'entendant crier, il est venu à son secours ; mais ils étaient si peu ensemble, que M. Jules a été du côté de la mare aux sangsues pour le chercher.

M. DE TRÉNILLY.

C'est votre vaurien de fils qui vous a conté cela, et vous le croyez, en père faible que vous êtes ?

ANFRY, *avec émotion.*

Pardon, Monsieur le comte, vous êtes le maître et je suis le serviteur, et je ne puis répondre comme je le ferais à mon égal, pour justifier mon fils; mais je puis, sans manquer au respect que je dois à Monsieur le comte, protester que Blaise est innocent des accusations fausses que M. Jules a portées contre lui.

M. DE TRÉNILLY, *avec colère.*

C'est-à-dire que Jules a menti?...

ANFRY, *avec calme.*

Je le crains, Monsieur le comte.

M. DE TRÉNILLY, *avec ironie et une colère contenue.*

C'est franc, du moins, si ce n'est pas poli. Mais dites-moi donc, Monsieur Anfry, que vous a raconté M. Blaise pour vous donner une si pauvre opinion de la sincérité de mon fils?

ANFRY, *avec calme et fermeté.*

Voici, Monsieur le comte, ce ne sera pas long. »

Et en peu de mots Anfry raconta ce qui s'était passé, sans oublier la visite que lui avait faite Jules à la recherche de Blaise et le départ de Jules tout seul, monté sur son âne.

Le récit franc et ferme d'Anfry fit impression sur M. de Trénilly, qui commença lui-même à douter de la vérité du récit de Jules, mais sans pouvoir admettre chez son fils une pareille fausseté.

« C'est bien, dit-il lorsque Anfry eut fini de parler; je saurai la vérité; je reparlerai à Jules. Vous pouvez vous retirer. Anfry, ajouta-t-il en le rappelant, si Blaise est coupable, comme je le crois et comme il l'a déjà été plus d'une fois vis-à-vis de mon fils, j'exige, sous peine de quitter mon service, que vous le fouettiez vigoureusement.

ANFRY.

Monsieur le comte n'aurait pas besoin de me le recommander, s'il s'était rendu coupable de méchanceté, de calomnie, de mensonge. Si je voyais mon fils dans une aussi triste voie, je l'en arracherais par la force de mon propre mouvement. Dieu merci, mon fils est franc et honnête, et je n'ai pas à rougir de lui. »

En achevant ces mots, Anfry salua et se retira plein d'indignation et d'irritation contre les mensonges de Jules et la faiblesse du père.

M. de Trénilly retourna près de Jules, le questionna de nouveau et lui redit ce qu'il avait appris d'Anfry. Jules, ne pouvant nier sa visite chez Anfry et son départ en l'absence de Blaise, avoua ces deux circonstances, qu'il n'avait pas osé révéler, dit-il, de peur d'être grondé pour avoir été seul dans les champs; mais il soutint qu'ayant trouvé Blaise à l'endroit indiqué par Anfry, tout s'était passé comme il l'avait d'abord raconté.

M. de Trénilly ne sut plus que croire ni qui croire. Il y avait dans les aveux tardifs de Jules quelque chose qui ébranlait sa confiance pour le reste; mais il ne pouvait, il n'osait admettre tant de fausseté et de méchanceté dans son fils bien-aimé. Dans le doute, il n'en parla plus, ne voulant pas faire punir injustement Blaise et ne pouvant lui donner raison.

## VIII

### LES FLEURS

Quelque temps se passa ainsi ; Jules avait reçu la défense expresse de jouer avec Blaise, que les gens du château regardaient d'un air de méfiance. Personne ne lui parlait ; on lui tournait le dos quand il venait faire une commission au château ; on refusait sèchement ses offres de service. Hélène était la seule qui lui dît un bonjour amical en passant devant la grille. M. de Trénilly le repoussait durement quand Blaise, toujours obligeant, se précipitait pour lui ouvrir la porte.

Le pauvre Blaise s'attristait souvent de la mauvaise opinion qu'on avait de lui ; il allait plus souvent que jamais faire sa promenade favorite et solitaire le long de la petite rivière longeant les fours à chaux. Arrivé là, il s'asseyait et il pleurait.

« Le bon Dieu sait, disait-il, que je suis innocent de ce dont on m'accuse ; mais j'ai commis bien des fautes dans ma vie, et le bon Dieu me les fait expier.... Je dois l'en remercier au lieu de me révolter.... Il me donnera le courage de tout supporter, de n'en vouloir à personne, pas même à M. Jules, qui me fait tant de mal.... Pauvre M. Jules : il est bien malheureux d'être si mauvais; il doit toujours craindre que la vérité ne se sache!... Pauvre garçon! je vais bien prier le bon Dieu pour qu'il change et devienne bon.... Papa me croit, heureusement; j'en dois bien remercier le bon Dieu! C'est là où j'aurais eu du chagrin, si papa et maman m'avaient cru méchant et menteur. »

Consolé par ces réflexions, Blaise reprenait sa promenade, mais il était triste malgré lui, et il songeait au temps heureux où il avait le bon petit Jacques pour maître et pour ami.

Jules, pendant ce temps, s'ennuyait beaucoup; il jouait peu avec Hélène, à laquelle il faisait sans cesse des méchancetés, et qui aimait mieux jouer seule ou travailler et causer avec sa mère.

Deux mois au moins après sa dernière aventure avec Blaise, Jules demanda un jour si instamment à son père de faire venir Blaise pour l'aider à bêcher son jardin, que M. de Trénilly y consentit. Jules n'osa pas aller le chercher lui-même, car il avait peur d'Anfry, mais il dit à un domestique de faire venir Blaise de la part de M. de Trénilly et de l'amener dans le petit jardin.

Blaise fut très surpris d'être demandé par M. le comte; son père lui dit qu'il devait obéir, et malgré sa répugnance il se dirigea vers le jardin de Jules et

Pauvre Blaise.

d'Hélène, où il croyait trouver le comte. En apercevant Jules, il voulut se retirer, mais Jules courut à lui et l'entraîna vers un carré de légumes en lui disant :

« Papa te fait dire d'arracher ces légumes, de bêcher tout cela et d'y planter des fleurs du potager.

— Je n'ai pas apporté ma bêche, dit Blaise.

— Cela ne fait rien ; tu vas prendre celle d'Hélène », dit Jules avec joie et empressement, car il s'était attendu à un refus, sentant bien que Blaise devait se trouver gravement offensé.

Le pauvre Blaise, ne voulant pas désobéir à un ordre qu'on lui donnait de la part de M. de Trénilly, prit la bêche sans mot dire et commença son travail.

**JULES.**

Pourquoi ne parles-tu pas, Blaise? tu es toujours si gai et si disposé à causer.

**BLAISE.**

Je ne le suis plus, Monsieur.

— Pourquoi? dit Jules en rougissant, car il ne devinait que trop la cause du silence et du sérieux de Blaise.

**BLAISE.**

Depuis que vous m'avez calomnié, Monsieur Jules ; mais je ne vous en veux pas pour cela ; seulement je prie le bon Dieu de vous corriger, et je n'aime pas à me trouver seul avec vous.

— Est-ce que tu as peur que je te mange? dit Jules en ricanant.

— Non, Monsieur Jules, mais je crains que vous ne disiez encore contre moi quelque chose qui ne soit pas vrai, et cela me fait de la peine par rapport à papa et à maman, et puis.... »

Blaise se tut.

« Achève, dit Jules; et puis quoi encore?

— Eh bien, Monsieur Jules, et puis par rapport à vous, parce que vous offensez le bon Dieu en me calomniant, et que le bon Dieu vous punira un jour ou l'autre. Et j'aimerais mieux vous voir demander pardon au bon Dieu et prendre la résolution de ne plus jamais l'offenser. »

Jules rougit; il sentait la générosité des sentiments de Blaise et la vérité de ses paroles; mais son orgueil se révolta.

### JULES.

Je te prie de ne pas te donner tant de peine à mon sujet et de ne pas faire le saint en priant pour moi. Je sais bien prier pour moi-même.

### BLAISE.

Il faut croire que non, Monsieur Jules, car, si vous saviez prier, le bon Dieu vous écouterait, et vous vous corrigeriez.

### JULES.

Voyons, finis tes sottises, et va me chercher des pots de fleurs pour remplir le carré.

### BLAISE.

Quelles fleurs faudra-t-il demander?

### JULES.

Des hortensias, des dahlias, des géraniums, des reines-marguerites, des pensées.

**BLAISE.**

Je ne sais si je me souviendrai de tout cela, Monsieur Jules; en tout cas, je ferai de mon mieux.

Blaise revint avec une brouette pleine de fleurs.

Blaise partit et ne tarda pas à revenir avec une brouette pleine de toutes sortes de fleurs.

« Il n'y a pas de pensées, dit Jules; va me chercher des pensées. »

Blaise repartit et revint avec beaucoup de fleurs, mais pas de pensées.

#### JULES.

Eh bien, je t'avais ordonné d'apporter des pensées ! Quelles horreurs m'apportes-tu là ?

#### BLAISE.

Le jardinier n'a plus de pensées, Monsieur Jules ; elles sont passées ; mais il vous a envoyé en place les plus belles fleurs de son jardin. Il vous demande de les bien soigner pour les remettre dans le jardin quand vous n'en voudrez plus.

— Voilà comme je les soignerai, s'écria Jules en se jetant sur les fleurs, les piétinant et les brisant avec colère.

#### BLAISE.

Ah ! Monsieur Jules ! qu'avez-vous fait ? Le jardinier m'avait tant dit d'en avoir grand soin, parce que ce sont des fleurs rares, que votre papa lui a bien recommandées !

#### JULES.

Ça m'est égal ; et qu'est-ce que ça te fait, à toi ? Le jardinier n'a pas le droit de me refuser les fleurs que mon père paye, et qui sont à moi.

#### BLAISE.

Oh ! quant à moi, Monsieur Jules, ça m'est égal. Comme vous dites, c'est votre papa qui paye les fleurs ; c'est tant pis pour lui. Moi, je ne les vois seulement pas. Quant au pauvre jardinier, c'est différent ; c'est lui qui en est chargé et c'est lui qui va être grondé.

## PAUVRE BLAISE

JULES.

Je m'en moque bien du jardinier; tout cela ne

Jules se jeta sur les fleurs, les piétina et les brisa avec colère.

me concerne pas; c'est lui qui te les a données, et c'est toi qui les as demandées et emportées.

BLAISE.

Vous savez bien, Monsieur Jules, que c'est pour

vous obéir que je les ai demandées, et que je n'en avais que faire, moi; j'ai seulement eu la peine de les brouetter et de décharger la brouette.

#### JULES.

Je n'en sais rien; arrange-toi comme tu voudras. Si papa gronde, tant pis pour toi.

#### BLAISE.

Si votre papa gronde, je dirai que c'est vous qui m'avez commandé de vous apporter ces fleurs.

#### JULES.

Et moi je dirai que tu mens, que ce n'est pas moi.

#### BLAISE.

Ah! par exemple! ceci est trop fort! Je ne vous croyais pas capable de tant de méchanceté.

#### JULES.

Est-ce que je ne t'ai pas dit et redit que je voulais des pensées? Entends-tu? des pensées! Et c'est si vrai que, lorsque tu m'as apporté ces autres fleurs, je me suis fâché et j'ai tout écrasé.

#### BLAISE.

Quant à cela, c'est vrai; mais vous savez bien que le jardinier a cru bien faire de vous les envoyer, et moi aussi j'ai cru que ces jolies fleurs vous plairaient plus que les pensées que vous demandiez.

#### JULES.

Non, elles ne me plaisent pas. Remporte-les, si tu veux.

#### BLAISE.

Mais le jardinier n'en voudra pas, dans l'état où elles sont, écrasées et brisées.

JULES.

Alors emporte-les, car je ne les veux pas dans mon jardin. Je te les donne; fais-en ce que tu voudras. »

Et il tourna le dos au pauvre Blaise consterné.

« Que vais-je faire de ces fleurs? Les porter au jardinier, je n'oserais; il pourrait croire que c'est moi qui les ai fait tomber et qui les ai écrasées en route. J'ai envie de les emporter pour les planter dans notre jardin; peut-être que papa pourra les faire revenir, et, quand elles auront bien repris, je les redonnerai au jardinier.... Je crois que c'est ce qu'il y a de mieux à faire pour épargner une gronderie à ce pauvre homme.... Pourvu que M. Jules n'aille pas encore me faire quelque mauvaise histoire avec ces fleurs.... C'est qu'il est méchant, en vérité! »

Tout en se parlant à lui-même, Blaise ramassait les fleurs, les enveloppait de terre humide, et les replaçait dans sa brouette. Il les amena près de son jardin, où travaillait son père.

« Papa, dit-il, voici de l'ouvrage pressé que je vous apporte; des fleurs à remettre en état, si c'est possible.

— Les belles fleurs, dit Anfry en les examinant dans la brouette. Mais que leur est-il arrivé? comme les voilà brisées et abimées!

— C'est pour cela, papa, que je vous les apporte; c'est encore un tour de M. Jules, que je voudrais déjouer. »

Et Blaise raconta à son père ce qui s'était passé.

« Je crois, mon garçon, dit Anfry, que tu as eu tort d'emporter les fleurs; il eût mieux valu les laisser pourrir là-bas.

— Papa, c'est que, d'après ce que m'avait dit M. Jules, je craignais que le pauvre jardinier ne fût grondé. M. de Trénilly ne regarde pas souvent ses fleurs; si, dans deux ou trois jours, nous pouvons les mettre en bon état et les reporter au jardinier, tout serait bien, et le jardinier ne serait pas grondé.

— Je veux bien, mon garçon, mais j'ai idée que cette affaire tournera mal pour nous. Enfin le bon Dieu est là. Il faut faire pour le mieux et laisser aller les choses. »

Anfry et Blaise préparèrent des trous profonds dans le meilleur terrain de leur jardin; ils y placèrent les fleurs avec précaution, après avoir enveloppé les tiges brisées de bouse de vache. Anfry les arrosa et en laissa ensuite le soin à Blaise.

Au bout de trois jours, les fleurs avaient parfaitement repris, et Blaise résolut de les porter au jardinier dans la soirée.

Ce même jour, M. de Trénilly alla visiter son jardin de fleurs, accompagné du jardinier.

###### LE COMTE.

Où donc avez-vous mis les dernières fleurs que j'avais fait venir de Paris? Je ne les vois nulle part

###### LE JARDINIER.

Elles n'y sont pas, Monsieur le comte; je les ai données à M. Jules pour son jardin.

LE COMTE.

Pourquoi les avez-vous données? Et comment vous êtes-vous permis de donner à un enfant des fleurs fort rares et que je fais venir à grands frais?

LE JARDINIER.

Monsieur le comte, j'avais peur de fâcher M. Jules, qui m'a envoyé deux fois Blaise pour demander de jolies fleurs.

LE COMTE.

C'est une très mauvaise excuse! Que cela ne recommence pas! Quand j'achète des fleurs, j'entends qu'elles soient pour moi seul. Allez les chercher et rapportez-les tout de suite; je vous attends. »

Le jardinier partit immédiatement et revint tout penaud dire à M. de Trénilly que les fleurs étaient disparues, qu'il n'y en avait plus trace. M. de Trénilly, fort mécontent, envoya chercher Jules. Quand il le vit approcher, il lui demanda avec humeur ce qu'il avait fait des fleurs que le jardinier lui avait envoyées il y avait trois jours.

JULES.

Je les ai plantées dans mon jardin, papa, elles y sont.

LE JARDINIER.

Non, Monsieur Jules; j'en viens, et je n'ai vu dans votre jardin que les dahlias, reines-marguerites et autres fleurs communes.

JULES.

Je n'en ai pas eu d'autres; je vous avais fait demander des pensées, que vous n'avez pas voulu me donner; je n'ai pas eu d'autres fleurs.

LE JARDINIER.

Mais, Monsieur Jules, c'est moi-même qui ai chargé la brouette de Blaise.

LE COMTE.

Comment, encore Blaise! Mais c'est un démon, que ce garçon! Je ne sais en vérité d'où cela vient, mais, partout où il est, il y a du mal de fait.

LE JARDINIER.

C'est pourtant un bon et honnête garçon, Monsieur le comte; je le connais depuis qu'il est né, et personne n'a jamais eu à se plaindre de lui.

— Moi, je m'en plains, reprit M. de Trénilly avec hauteur, et ce n'est pas sans raison. Mais, Jules, qu'a-t-il fait de ces fleurs?

JULES.

Je crois, papa, qu'il les a prises pour lui, puisqu'il ne les a pas rapportées au jardinier, et qu'elles ne sont pas dans mon jardin. »

M. de Trénilly dit encore au jardinier quelques paroles de reproche, et sortit précipitamment, se dirigeant vers la maison d'Anfry. Ne le trouvant pas chez lui, il alla au jardin pour voir si Blaise avait réellement osé prendre les fleurs; il y entra au moment où Anfry et Blaise rangeaient les pots de fleurs pour les charger sur la brouette.

« Je te prends donc enfin sur le fait, petit voleur, mauvais polisson, dit M. de Trénilly, s'avançant vers Blaise avec colère.

— Pardon, Monsieur le comte, dit Anfry en se plaçant respectueusement, mais résolument devant Blaise, pour le mettre à l'abri du premier mouvement de colère de M. de Trémilly; Blaise n'est ni un voleur ni un polisson. Monsieur le comte a encore une fois été induit en erreur.

— Erreur, quand la preuve est là sous mes yeux? dit le comte, frémissant de colère.

ANFRY.

Mille excuses, monsieur le comte, si je prends la liberté de vous demander ce que vous supposez!

LE COMTE.

Je suppose que votre fils est un vaurien, et vous un insolent. Ces fleurs sont à moi, volées par votre fils, qui vous a fait je ne sais quel conte pour expliquer leur possession.

Blaise n'est ni un voleur ni un polisson.

ANFRY.

Blaise n'a jamais dit que les fleurs fussent à lui, Monsieur le comte, et la preuve c'est que les voilà prêtes à être placées sur cette brouette, pour les ramener au jardinier de Monsieur le comte; Blaise les a ramassées lorsqu'elles venaient d'être brisées et piétinées par M. Jules, et il me les a apportées pour les mettre en bon état et les rendre à votre jardinier avant que vous vous soyez aperçu de l'accident arrivé à ces fleurs. Voilà toute la vérité, Monsieur le comte; et si vous voulez vous donner la peine d'examiner les tiges, vous verrez encore la place des brisures. »

M. de Trénilly était fort embarrassé de son accu-

M. de Trénilly s'en alla aussi vite qu'il était venu.

sation précipitée; il entrevit quelque chose de défavorable à Jules, et, ne voulant pas approfondir davantage l'affaire, il tourna le dos sans parler, et s'en alla aussi vite qu'il était venu.

« Merci, papa, de m'avoir bien défendu, dit Blaise; sans vous il m'aurait battu avec sa canne.

— S'il t'avait touché, j'aurais à l'heure même quitté son service, répondit Anfry, et je ne dis pas que j'y resterai longtemps; le fils te joue de mauvais tours toutes les fois qu'il te demande pour s'amuser avec toi, et le père…; enfin je ne ferai pas de vieux os ici. »

Cette fois, Blaise se promit de n'accepter aucune invitation de Jules.

# IX

## LES POULETS

« Maman, dit un jour Hélène, j'ai trouvé dans un buisson quatre œufs de poule; la fermière dit que ce sont les poules Crève-Cœur qui perdent leurs œufs; j'ai envie d'en faire une omelette, que nous mangerons ce soir, Jules et moi.

— Au lieu de manger des œufs qui ne sont probablement pas frais, tu ferais mieux, Hélène, de les faire couver, répondit Mme de Trénilly.

— C'est vrai, maman, je n'y pensais pas. Je vais vite les porter à la ferme pour les faire couver. »

Hélène courut porter ses œufs à la ferme, mais elle fut désappointée en apprenant par la fermière que dans le moment il n'y avait pas une poule qui voulût couver.

« Mais, ajouta la fermière, vous pouvez porter vos œufs chez Anfry, Mademoiselle; il a une excellente couveuse qui vous fera bien éclore vos œufs;

on n'a qu'à les lui faire voir, elle se mettra à couver sur-le-champ. »

Hélène remercia et courut chez Anfry.

« Ma bonne Madame Anfry, je vous apporte quatre œufs, que je vous prie de vouloir bien faire couver à votre poule. J'espère que cela ne vous dérangera pas.

— Pour cela, non, Mademoiselle. Justement ma poule demande depuis ce matin à couver, et je n'ai pas d'œufs à lui donner. Si vous voulez venir, Mademoiselle, nous allons tout de suite la faire commencer. »

Hélène suivit, en la remerciant de son obligeance. La poule accourut à l'appel de sa maîtresse, qui lui montra les œufs et les mit dans un panier à couver; la poule sauta dans le panier, étendit ses ailes et commença sa besogne de la meilleure grâce du monde.

Hélène était enchantée et remercia Mme Anfry.

« Combien de jours faut-il pour faire éclore les œufs? demanda-t-elle.

— Vingt jours au plus, Mademoiselle. Vous viendrez voir sans doute comment se comporte la couveuse?

— Oui, certainement; je viendrai tous les jours lui apporter de l'orge et de l'avoine. A demain, Madame Anfry; bien des amitiés à Blaise. »

Hélène retourna tous les jours chez Mme Anfry savoir des nouvelles de ses œufs; elle avait soin d'apporter chaque fois un panier plein d'orge et d'avoine. Elle avait prié sa mère de ne parler de rien à Jules, pour lui faire une surprise, dit-elle;

mais sa véritable raison, c'est qu'elle avait peur que Jules ne lui jouât quelque mauvais tour, en

écrasant les œufs ou en empêchant la poule de couver.

Le vingt et unième jour, Blaise, qui attendait toujours Hélène à la porte, lui annonça que deux poulets étaient éclos. Hélène courut à la cabane où couvait la poule, elle lui jeta un peu d'orge pour lui faire quitter son panier, et vit avec grande joie les deux petits poussins venir manger les grains, d'orge que la poule leur écrasait avec son bec avant de les leur laisser manger.

Les poussins étaient fort jolis; ils étaient noirs, avec une huppe noire et blanche.

« Demain, Mademoiselle, les deux autres écloront bien sûr, dit Blaise.

HÉLÈNE.

Et quand ils seront tous éclos, est-ce que je ne pourrai pas les emporter chez moi?

BLAISE.

Non, Mademoiselle; il faut les laisser avec leur mère jusqu'à ce qu'ils soient assez grands pour se passer d'elle.

HÉLÈNE.

Combien de temps faudra-t-il attendre?

BLAISE.

Quinze jours ou trois semaines pour le moins, Mademoiselle.

HÉLÈNE.

C'est bien long! Mais j'aime mieux les laisser ici, parce qu'à la maison.... »

Hélène n'acheva pas.

BLAISE.

Est-ce que vous n'avez pas un endroit où vous puissiez les loger pour la nuit, Mademoiselle?

HÉLÈNE.

Oh! si fait; la place ne manque pas : mais je craindrais que Jules.... »

Hélène s'arrêta encore; Blaise la regarda et, devinant sa pensée, ne la questionna plus; il lui dit seulement :

« Ils seront mieux ici que partout ailleurs, Mademoiselle; nous les soignerons de notre mieux, maman et moi, pour vous être agréables, car nous ne pourrons jamais oublier que vous seule avez toujours cru à mes paroles et à mon innocence, quand tout le monde m'accusait et me croyait coupable. Je n'oublierai pas votre bonté, Mademoiselle.

### HÉLÈNE.

Ce n'est pas de la bonté, mon pauvre Blaise, ce n'est que de la justice. J'aurais voulu que tout le monde pensât comme moi à ton égard, et ce m'est un grand regret de penser que c'est mon frère qui a donné mauvaise opinion de toi.

### BLAISE.

Mais vous ne partagez pas cette mauvaise opinion, Mademoiselle?

### HÉLÈNE.

Moi, je crois que tu es le plus honnête, le meilleur, le plus obligeant et aimable garçon qu'il soit possible de voir, et je crois que Jules t'a indignement calomnié. »

Un éclair de joie et de reconnaissance brilla dans les yeux de Blaise.

### BLAISE.

Merci, ma bonne et chère demoiselle. Le bon Dieu me récompense de n'avoir pas murmuré contre le mal qu'il a permis. Je le prie tous les jours de vous bénir et de rendre M. Jules semblable à vous.

HÉLÈNE.

Comment, mon pauvre Blaise, tu as la générosité de prier pour Jules, qui est la cause de tout le mal qu'on dit et qu'on pense de toi !

BLAISE.

Certainement, Mademoiselle ; je n'ai pas de rancune contre lui ; il fait ce qu'il fait parce qu'il n'y pense pas. S'il savait combien il offense le bon Dieu, il ne le ferait sans doute pas, et c'est pourquoi je prie le bon Dieu de lui faire voir clair dans son âme.

HÉLÈNE.

Excellent Blaise ! Je dirai à papa et à maman tout ce que tu viens de me dire ; ils ne pourront pas douter de ta sincérité.

BLAISE.

Comme vous voudrez, Mademoiselle, mais cela ne me fait pas grand'chose à présent. Depuis que je vais au catéchisme pour ma première communion l'an prochain, je sais que Notre-Seigneur a souffert des méchants, et cela me console de souffrir un peu comme lui. »

Hélène tendit la main à Blaise, qui la remercia encore avec reconnaissance et affection ; elle retourna lentement à la maison. En rentrant, elle raconta à son père et à sa mère ce que Blaise lui avait dit, et elle fit part de son impression à l'égard de Blaise.

« Je n'ai jamais vu, dit-elle, un plus excellent garçon, et je serais bien heureuse de vous voir changer d'opinion et de sentiments à son égard.

— Il faudrait pour cela, ma chère Hélène, dit M. de Trénilly avec froideur, que nous pensassions bien mal de ton frère, qui dit juste le contraire de Blaise, et qui serait d'après toi un menteur, un calomniateur, un méchant. J'aime mieux avoir cette mauvaise opinion de Blaise que de mon fils.

HÉLÈNE, *avec feu*.

Cela dépend de quel côté est la vérité, papa; si pourtant Blaise est innocent, voyez quel mal vous lui faites, et quelle injustice vous commettez.

— Tu oublies que tu parles à ton père, Hélène, dit Mme de Trénilly avec sévérité.

HÉLÈNE.

Je n'avais pas l'intention de manquer de respect à papa, mais je suis si peinée de voir mon frère si mal agir, et le pauvre Blaise tant souffrir!...

M. DE TRÉNILLY.

Souffrir? Tu crois qu'il souffre? Laisse donc, il n'y pense seulement pas.

HÉLÈNE.

Je l'ai pourtant souvent trouvé tout en larmes, pendant qu'il travaillait et qu'il était tout seul, et il cherchait à me le cacher et à sourire quand il me voyait, et un jour je lui ai demandé pourquoi il pleurait; il m'a répondu que c'était parce qu'il ne pouvait rencontrer aucun de ses camarades sans qu'ils lui dissent qu'il était un voleur, un menteur, un malheureux; et personne ne veut ni jouer ni se promener avec lui.

— Il n'a que ce qu'il mérite », dit sèchement M. de Trénilly.

Hélène ne répondit plus; elle sentit qu'elle ne ferait qu'irriter son père en continuant à défendre Blaise, et elle se retira dans sa chambre pour travailler seule comme d'habitude.

Les poulets devenaient grands et forts; Hélène avait décidé avec Blaise qu'ils pouvaient se passer de la poule, et qu'on les porterait dans la cour du château, où ils coucheraient dans une niche de chien qui se trouvait vide. Le lendemain, Blaise devait les apporter et leur arranger la niche en poulailler. Par une fatalité malheureuse, Jules rencontra le pauvre Blaise portant les poulets dans un panier pour les mettre dans leur nouvelle demeure.

JULES.

Qu'es'-ce que tu as dans ton panier?

BLAISE.

C'est une commission, Monsieur Jules.

JULES.

Montre-moi ce que c'est.

BLAISE.

Je n'ai pas le temps, Monsieur, je suis pressé.

JULES.

Qu'est-ce qui te presse tant?

BLAISE.

Maman m'attend pour déjeuner, Monsieur.

JULES.

Eh bien, elle attendra deux minutes de plus, voilà tout. »

Blaise ne voulait pas lui faire voir les poulets, parce qu'il craignait que Jules ne leur fît mal ou ne les fît échapper; il voulut donc continuer son chemin, mais Jules saisit l'anse du panier et chercha à le lui arracher. Blaise le retenait de toutes ses forces, et il allait le dégager des mains de Jules, lorsque celui-ci, se sentant le plus faible, ramassa une poignée de sable et la lui jeta dans les yeux. La douleur fit lâcher prise à Blaise; Jules saisit le panier et l'emporta en triomphe. Il courut dans un massif, près d'une mare, pour examiner ce que contenait le panier. Quelle ne fut pas sa surprise en voyant les poulets qui y étaient renfermés!

« Ce voleur de Blaise, s'écria-t-il, voilà pourquoi il ne voulait pas me laisser voir ce qu'il emportait dans son panier. Ce sont des poulets qu'il a volés dans notre basse-cour, et qu'il portait à son voleur de père pour les manger ensemble. Ah! tu crois que tu mangeras mes poulets, mauvais garçon! Tiens, viens chercher ton déjeuner. »

En disant ces mots, le méchant Jules tira les poulets du panier les uns après les autres et les jeta dans la mare. Les pauvres bêtes se débattirent quelques instants, puis restèrent immobiles, les ailes étendues, flottant sur l'eau.

Jules fut enchanté de son succès et retourna tranquillement à la maison. Il entra chez son père.

« Papa, dit-il, vous devriez défendre à Blaise de mettre les pieds dans notre basse-cour; je viens de le surprendre emportant, bien cachés dans un panier, quatre poulets qu'il venait de voler dans notre poulailler.

M. DE TRÉNILLY.

Tu ne sais ce que tu dis, mon ami, je n'ai ni poulets ni poulailler.

JULES.

C'est de la ferme alors, car je les ai vus, et je les lui ai arrachés.

M. DE TRÉNILLY.

Qu'en as-tu fait? »

Jules ne s'attendait pas à cette question; il devint rouge et embarrassé, car il ne voulait pas avouer qu'il avait noyé les pauvres bêtes.

« Pourquoi ne réponds-tu pas? dit M. de Trénilly en l'examinant avec surprise. Est-ce que tu les as rendus à Blaise, par hasard?

— Oui papa, balbutia Jules.

Le méchant Jules jeta les poulets dans la mare.

##### M. DE TRÉNILLY.

Tu as eu tort, mon ami; tu devais lui faire avouer d'où il tenait ces poulets, et les apporter à la fermière, s'ils sont à elle. Et Blaise les a-t-il emportés? »

Jules commençait à craindre qu'on ne trouvât les poulets dans l'eau; il voulut en rejeter la faute sur Blaise et dit :

« Non, papa, il..., il... les a jetés dans la mare.

##### M. DE TRÉNILLY.

Mais la tête lui tourne, à ce mauvais garnement : où est-il?

##### JULES.

Je ne sais pas; je crois qu'il est allé à l'école. »

Jules savait bien que Blaise n'allait plus à l'école, mais il croyait empêcher par là son père de questionner lui-même Blaise et Anfry.

Pendant ce temps le pauvre Blaise, aveuglé par le sable, ne pouvait quitter la place où il était tombé; et à force pourtant de frotter ses yeux, que le sable faisait pleurer, il parvint à les tenir entr'ouverts, et il put se diriger vers le puits; il tira un peu d'eau dans une terrine et s'en lava les yeux jusqu'à ce que tout le sable fût parti. Il pensa alors à se mettre à la recherche de Jules et de son panier. Mais, en cherchant Jules, il rencontra Hélène, qui allait voir si son petit poulailler était prêt à recevoir ses chers poulets Crève-Cœur.

Hélène s'arrêta stupéfaite à la vue des yeux rouges et bouffis de Blaise.

« Qu'as-tu, mon pauvre Blaise? lui dit-elle avec compassion. Pourquoi as-tu pleuré?

— Ce n'est rien, Mademoiselle, c'est du sable que M. Jules m'a jeté dans les yeux : mais ce qui est le plus triste, c'est que lorsqu'il m'a vu aveuglé, il m'a arraché le panier dans lequel j'apportais vos poulets, et comme il s'est sauvé avec, je crains qu'il ne leur soit arrivé malheur.

— Mes poulets, mes pauvres petits poulets! s'écria Hélène. Oh! Blaise, mon cher Blaise, aide-moi à les retrouver. Pourvu que Jules ne les ait pas tués ou lâchés dans le parc! Mes pauvres poulets! »

Hélène et Blaise se mirent à courir de tous côtés; en cherchant dans les massifs, Blaise trouva son panier vide.

« Mademoiselle Hélène, cria-t-il, voici mon panier, mais rien dedans.

— C'est que Jules les a lâchés ou tués, dit Hélène; pour le coup, papa ne prendra pas parti pour lui; je vais le prier de faire chercher mes petits Crève-Cœur. »

A peine avait-elle fait quelques pas vers la maison, qu'elle rencontra son père.

« Papa, papa, je vous en prie, dites qu'on aille partout chercher mes jolis Crève-Cœur; Blaise les apportait dans un panier. Jules le lui a arraché et s'est sauvé avec.

M. DE TRÉNILLY.

Ah! c'est donc cela que me disait Jules; il croyait

que Blaise les avait pris à la ferme. Mais si ce sont tes Crève-Cœur qu'apportait Blaise, pourquoi les a-t-il laissé prendre à Jules? Il n'est guère probable que Blaise, qui est plus fort que Jules, lui ait laissé enlever son panier sans le défendre.

HÉLÈNE.

Aussi a-t-il voulu empêcher Jules de les prendre; mais Jules lui a jeté du sable dans les yeux, et le pauvre Blaise a lâché le panier.

M. DE TRÉNILLY.

C'est Blaise qui t'a fait ce conte; Jules m'a dit au contraire que Blaise avait jeté les poulets dans la mare.

HÉLÈNE.

C'est impossible, papa. Blaise a soigné mes poulets depuis qu'ils sont éclos; il leur avait préparé un poulailler dans une des vieilles niches à chien, et il me les apportait pour que nous les y missions.

M. DE TRÉNILLY.

Ce qui est certain, pourtant, c'est que Jules n'a pas les poulets.

HÉLÈNE.

Blaise et moi, nous les cherchons partout. Mon Dieu, mon Dieu, est-ce que Jules a été assez méchant pour les jeter à la mare? »

La pauvre Hélène, sans attendre la réponse de son père, courut du côté de la mare, appelant Blaise de toutes ses forces; en approchant de la mare, elle le vit tâchant, avec une longue perche, d'attirer à lui quelque chose qu'elle ne pouvait encore distinguer; aussitôt qu'il aperçut Hélène, il lui cria :

« Venez vite, Mademoiselle; venez m'aider à faire revivre les pauvres poulets que je viens de trouver dans la mare. J'en ai retiré trois; je cherche à atteindre le quatrième. Le voici, je crois.... Non, il a encore coulé sous ma perche.... Tenez, le voilà! Je l'ai, pour cette fois. » Et, se baissant, il saisit le quatrième Crève-Cœur, qu'il avait rapproché du bord avec sa perche.

Hélène pleurait près de ses pauvres poulets, couchés à terre sans mouvement, le bec ouvert, les ailes étendues, les yeux entr'ouverts. Blaise les porta sur l'herbe, les sécha le mieux qu'il put, avec de la mousse, avec son mouchoir et celui d'Hélène; mais il eut beau les frotter, les rouler sur le sable chaud, les poulets restèrent sans vie. Voyant tous leurs efforts inutiles, Hélène et Blaise se relevèrent.

« Que ferons-nous de ces pauvres petites bêtes? dit Blaise. Des poulets si jeunes, ce n'est pas bon à manger; d'ailleurs, ça fait mal au cœur de manger des bêtes qu'on a soignées.

— Il faut les enterrer, dit tristement Hélène; ne les laissons pas ici; les chats les dévoreraient.

— Écoutez, Mademoiselle, essayons encore une chose; j'ai entendu dire à un médecin qu'on faisait revenir des noyés en les couvrant de cendre tiède; il y a un grand tonneau dans la buanderie, ici tout près : plongeons-les dedans jusqu'à demain; en

On fait revenir les noyés en les couvrant de cendres chaudes.

tout cas, cela ne leur fera pas de mal, et peut-être...., qui sait,... la cendre tiède, en les réchauffant, les ranimera-t-elle.

— Essayons, dit Hélène; il sera toujours temps de les enterrer demain. »

Hélène et Blaise prirent chacun deux poulets; ils les portèrent à la buanderie, où ils trouvèrent effectivement un tonneau de cendre; on venait d'en remettre de toute chaude. Blaise creusa quatre trous, Hélène y mit les poulets, Blaise les recouvrit de cendre jusqu'à la tête, ne laissant passer que le bec et les yeux. Ils fermèrent ensuite la buanderie et s'en allèrent chacun chez eux, Hélène fort triste de la mort de ses jolis Crève-Cœur, et Blaise fort triste du chagrin d'Hélène, tous deux peinés de la méchanceté de Jules. Quand Hélène revint dans sa chambre, elle y trouva Jules qui l'attendait avec un peu d'inquiétude, pour savoir ce qu'avait dit son père.

« Tu m'as encore fait une vraie peine, Jules, lui dit-elle, et tu as encore fait une méchanceté au pauvre Blaise.

— Moi, une méchanceté? répondit Jules d'un air innocent; qu'ai-je donc fait, Hélène? tu m'accuses toujours sans savoir comment les choses se sont passées.

HÉLÈNE.

Je sais très bien que tu as noyé mes pauvres poulets, que tu les as arrachés à Blaise après lui avoir jeté du sable dans les yeux, et que tu as conté des mensonges à papa.

JULES.

Je n'ai rien fait de tout cela, Mademoiselle, c'est Blaise qui avait volé des poulets; je ne savais pas qu'ils fussent à toi; j'ai voulu les lui enlever, et, pour que je ne les aie pas, il les a jetés dans la mare.

— Menteur! s'écria Hélène avec indignation. C'est abominable de mentir avec autant d'effronterie! Tu pourrais bien réserver tes mensonges pour papa, qui a la bonté de te croire; quant à moi, tu sais que je te connais, et que je ne crois pas un mot de ce que tu dis.

JULES, *avec colère.*

Méchante! vilaine! J'irai dire à papa que tu me dis cinquante sottises pour excuser Blaise, qui est un sot et un impertinent; je le ferai chasser avec son vilain père.

HÉLÈNE.

Tu en es bien capable; rien ne m'étonnera de ta part. C'est bien triste pour moi d'avoir un si méchant frère. »

Hélène lui tourna le dos et se mit à table pour écrire. Jules resta un instant indécis s'il resterait chez Hélène pour la contrarier, ou s'il irait se plaindre à son père; il finit par quitter la chambre, et il se dirigea vers le cabinet de M. de Trénilly, qui était alors occupé à lire.

« Papa, dit-il en entrant, je viens vous dire que c'est bien triste pour moi d'avoir une si mauvaise sœur; elle croit tous les mensonges que lui fait Blaise et elle vient de me dire toutes sortes d'injures, prétendant que je mentais, que Blaise valait cent fois mieux que moi, qu'elle voudrait bien l'avoir pour frère, et qu'elle serait enchantée si vous me chassiez pour me mettre au collège.

— Hélène est une sotte, répondit M. de Trénilly; elle est entichée de ce mauvais garnement de Blaise; mais, aujourd'hui, j'excuse son humeur, et je ne lui en dirai rien, parce qu'elle est irritée d'avoir perdu ses poulets.

— Mais, papa, ce n'est pas ma faute si Blaise a volé ses poulets. Pourquoi faut-il que ce soit moi qui reçoive des injures, parce que son Blaise a menti?

— Que veux-tu que j'y fasse, mon ami? Tu sais que je ne me mêle pas de l'éducation de ta sœur; va te plaindre à ta mère, si tu veux, et laisse-moi finir un travail très sérieux qui doit être terminé cette semaine. Va, Jules, va, mon garçon. »

Jules sortit à moitié content : il avait espéré faire gronder sa sœur, et il n'avait pas réussi. Il ne voulait pas aller se plaindre à sa mère; elle n'était pas toujours disposée à le croire et à l'approuver, comme M. de Trénilly, qui était aveuglé par sa tendresse pour son fils. Quant à Hélène, il n'avait aucune crainte qu'elle le dénonçât, parce qu'il la savait trop bonne pour le faire gronder. Il résolut donc de se taire et de ne plus parler des poulets, ni de Blaise, ni d'Hélène.

Le lendemain, après le déjeuner, Hélène demanda à sa mère la permission d'enterrer les poulets et de faire venir Blaise pour l'aider. Mme de Trénilly y consentit, à la condition que Blaise ne mettrait pas les pieds au château ni dans le jardin de Jules. Hélène le promit et ajouta en souriant que la défense serait probablement très bien reçue, car le pauvre Blaise ne devait avoir nulle envie de se retrouver avec Jules. Elle rencontra Blaise au milieu de l'avenue; il venait chercher les poulets pour leur préparer une fosse.

« Tu viens m'aider à enterrer mes poulets, n'est-ce pas, mon cher Blaise? Ne passons pas devant le château, pour que Jules ne te voie pas et ne vienne pas nous rejoindre.

— Je n'ai nulle envie de le voir, Mademoiselle, je vous assure bien. Il me demanderait de venir avec lui que je refuserais, car, je suis fâché de vous le dire, Mademoiselle, puisqu'il est votre frère, mais je n'ai jamais rencontré de garçon aussi méchant pour moi que l'est M. Jules..... Mais nous voici arrivés; allons prendre nos pauvres morts. »

Blaise tourna la clef, poussa la porte et fit un cri de surprise que répéta immédiatement Hélène, entrée avec lui. Les poulets qu'on avait cru morts étaient vivants, bien vivants, sautant sur leur tonneau de cendre, et ouvrant le bec pour demander à manger.

« C'est la cendre! s'écria Blaise. Le médecin avait raison.

— C'est évidemment la cendre, répéta Hélène. Quel bonheur de revoir mes pauvres poulets vivants, et quelle bonne idée tu as eue, mon bon

Blaise! Sans ton bon conseil, je les aurais perdus, car je les aurais enterrés de suite. Va vite leur chercher à manger. Je vais pendant ce temps les porter à leur poulailler, où tu me trouveras.

— Irai-je à la cuisine, Mademoiselle, pour demander du pain et du lait?

— Non, non, ne va pas à la cuisine. Maman a défendu que tu entres au château.

— Ainsi on me croit toujours un vaurien, un voleur, dit Blaise en soupirant. C'est triste, mais c'est bon, car j'en ferai mieux ma première communion, en supportant ces affronts avec courage et douceur.... Je vais demander à maman ce

Il était aveuglé par sa tendresse pour son fils.

qu'il nous faut pour les poulets. Ne vous impatientez pas, Mademoiselle, si je suis un peu longtemps; il y a loin d'ici chez nous, l'avenue est longue. »

Hélène resta près de ses poulets; elle aussi était triste, car elle sentait combien était injuste la mauvaise opinion qu'on avait de Blaise, et elle s'affligeait que ce fût son frère qui eût fait tout ce mal.

« Pauvre Blaise! se dit-elle en le regardant s'éloigner. Le bon Dieu fera sans doute connaître son innocence; mais en attendant il souffre et Jules triomphe. Oh! si Jules pouvait comprendre combien il est mauvais! L'année prochaine il doit faire sa première communion; comment pourra-t-il la faire s'il ne reconnaît pas ses torts?... »

Hélène eut le temps de réfléchir, car Blaise ne revint qu'au bout d'une demi-heure.

« Voici, Mademoiselle, cria-t-il de loin, une pâtée faite par maman. J'ai été longtemps, car il a fallu la préparer, puis revenir pas trop vite pour ne pas renverser l'assiette; elle est bien pleine, les poulets vont se régaler. »

Et il posa l'assiette au milieu du poulailler; les quatre poulets affamés se précipitèrent dessus et picotèrent jusqu'à ce qu'il n'en restât miette.

Blaise conseilla à Hélène de tenir ses poulets enfermés pendant deux ou trois jours, pour qu'ils pussent s'habituer à leur nouvelle demeure. En peu de semaines ils devinrent de beaux poulets gras et forts. Jules s'en informait avec intérêt de temps en temps; Hélène lui en sut gré et crut que c'était un commencement de repentir et d'amélioration. Un jour que Mme de Trénilly commandait le dîner, Jules lui dit :

« Quand donc mangerons-nous les poulets d'Hélène? Le cuisinier en ferait volontiers une fricassée.

— Manger mes poulets! s'écria Hélène effrayée.

J'espère bien, maman, que vous n'y avez pas songé, et que c'est une invention de Jules.

— Je croyais, comme Jules, que tu les élevais pour les manger, Hélène, dit Mme de Trénilly.

— Mais non, maman, je n'ai jamais eu la pensée de les manger. Je veux garder ces jolies volailles pour qu'elles pondent et qu'elles couvent; je veux les laisser mourir de vieillesse. Pensez donc que c'est Blaise et moi qui les avons élevées, puis sauvées de la mort.

JULES.

Que tu es bête ! Tu crois que Blaise voulait les sauver ? Il a dû être bien attrapé quand il a vu qu'au lieu de les manger pour son dîner il aurait encore à les soigner ! »

« Le cuisinier en ferait volontiers une fricassée. »

Hélène ouvrit la bouche pour répondre vertement, mais elle se contint, et, jetant sur son frère un regard qui le fit rougir, elle se contenta de dire :

« Ne parle pas mal de Blaise devant moi, Jules ; tu sais la bonne opinion que j'en ai et l'amitié que j'ai pour lui. Je la lui dois en compensation du tort que tu lui as fait, et je ne souffrirai pas qu'on le calomnie en ma présence, sans prendre sa défense et sans dire les choses comme je les sais. »

Jules resta muet devant le regard fixe et ferme de sa sœur. Il se borna à dire, en levant les épaules : « Que tu es sotte ! » et quitta la chambre.

Mme de Trénilly avait fini de commander au cuisinier le déjeuner et le dîner ; elle ne fit pas attention à la fin de la discussion d'Hélène et de Jules, et reprit sa lecture interrompue.

Il ne fut plus question des poulets. Hélène les avait transportés chez Mme Anfry, de peur que Jules n'eût la fantaisie de les attraper et de les faire manger. A l'automne, les poulets étaient devenus des poules qui se mirent à pondre ; au printemps elles couvèrent leurs œufs et eurent à leur tour des poulets à conduire. Hélène finit par en faire cadeau à Mme Anfry, qui y trouva un grand avantage, et qui, de temps à autre, faisait manger à Hélène un des poulets de ses poules. Ils étaient toujours tendres et gras, et chacun en appréciait la qualité.

# X

## LE RETOUR DE JULES

A l'approche de l'hiver, M. de Trénilly était parti pour Paris avec toute sa maison. Anfry, sa femme et Blaise furent enchantés de se retrouver seuls; l'hiver se passa plus agréablement pour Blaise, dont chacun commençait à reconnaître la piété, la bonté et l'honnêteté. Blaise aurait pu profiter de ce retour de bienveillance pour faire des parties de jeu et de promenade avec ses camarades d'école; mais il préférait travailler à la maison avec son père et sa mère. Ils causaient souvent de leurs anciens maîtres, mais jamais ils ne faisaient mention des nouveaux, car ils n'avaient pas de bien à en dire, et Blaise avait demandé à ses parents de n'en pas parler plutôt que d'en dire du mal.

« Si j'en parlais ou si je vous en entendais parler, papa, je ne pourrais peut-être pas m'empêcher de leur en vouloir de leur injustice, surtout à M. Jules, et je me sentirais de la colère, de la haine peut-être. Et comment pourrais-je faire ma première communion et recevoir Notre-Seigneur, si je ne pardonne de bon cœur à ceux qui m'ont fait du mal? Notre-Seigneur a bien pardonné à ses bourreaux; il a même prié pour eux. Je veux tâcher de faire comme lui.

— C'est bien, ce que tu dis là, mon Blaisot, lui dit son père en l'embrassant. Tu es plus sage que moi et ta mère.... C'est qu'il ne nous est pas facile de pardonner à ceux qui ont fait du mal à notre enfant, qui l'ont fait passer pour un voleur, un méchant, un....

— Papa, papa, je vous en prie, dit Blaise d'un air suppliant, ne parlez que de Mlle Hélène, qui a été si bonne pour moi.

— Ah oui! celle-là est une bonne demoiselle! on ne risque rien d'en parler; pas de danger de dire une méchanceté. »

« Une lettre », dit le facteur en entrant un matin. Et il en remit une à Anfry, qui l'ouvrit et lut ce qui suit :

« Tenez le château prêt pour nous recevoir, Anfry; j'arrive avec mon fils lundi prochain. Soignez particulièrement la chambre de Jules, qui est souffrant depuis une chute de cheval. Je vous salue.

« Comte DE TRÉNILLY. »

« Lundi prochain, c'est dans quatre jours, dit Anfry. Je n'ai guère de temps pour tout préparer. Il faut nous y mettre tous dès aujourd'hui.

— C'est singulier, dit Blaise, il ne parle que de M. Jules et pas de Mlle Hélène; est-ce qu'elle ne viendrait pas, par hasard?

— Et où veux-tu qu'elle reste? dit Mme Anfry. La place d'une jeune fille n'est-elle pas près de sa mère! Au surplus, nous le verrons bien quand ils seront arrivés. »

Elle monta au château avec Anfry et Blaise. Pendant quatre jours ils ne firent que frotter, essuyer et ranger. Enfin, tout se trouva terminé le lundi dans la journée

« Je ne sais trop que faire, avait dit Anfry, pour soigner particulièrement l'appartement de M. Jules. Je l'ai frotté, essuyé, comme les autres; je ne peux pas faire mieux.

— Laissez-moi l'arranger, papa, dit Blaise; je vais y mettre des fleurs, qui le rendront plus gai. »

En effet, deux heures plus tard, la chambre de Jules avait pris un autre aspect; il y avait des fleurs dans les vases, des corbeilles de fleurs sur les croisées, sur la commode. Blaise avait fait de son mieux, et il avait réussi.

Quand ils redescendirent l'avenue pour rentrer chez eux, ils n'attendirent pas longtemps l'arrivée du comte. Comme l'année d'avant, un courrier à cheval l'annonça; la grille fut ouverte et la voiture roula dans l'avenue. Blaise avait vu M. de Trénilly dans le fond; près de lui était Jules, pâle et maigre. La comtesse et Hélène n'y étaient pas. Blaise avait déjà su par des gens qui avaient précédé M. de Trénilly qu'Hélène était au couvent pour renouveler sa première communion, et que sa mère ne la ramènerait que dans le courant de juillet, deux mois plus tard. M. de Trénilly avait l'air encore plus sombre et plus sévère que l'année précédente.

« Ils n'apportent pas avec eux la gaieté, dit Anfry à sa femme en refermant la grille.

— Pourvu qu'on ne demande pas notre pauvre Blaisot pour désennuyer M. Jules, répondit Mme Anfry. C'est qu'il ne serait pas possible de le refuser.

— Ah! bah! ils n'y songeront seulement pas, reprit Anfry. Tu as donc oublié ce qu'ils en disaient?... »

Mme Anfry avait bien deviné; dès le lendemain, un domestique vint demander Blaise au château.

« Blaise est sorti, répondit sèchement Anfry.

LE DOMESTIQUE.

Où est-il? ne pourrait-on pas l'avoir? M. le comte m'a bien recommandé de le ramener avec moi.

ANFRY

Il est au catéchisme; il n'en reviendra que pour dîner.

LE DOMESTIQUE.

Est-ce ennuyeux! Monsieur va gronder, bien sûr, et M. Jules va être plus maussade que d'habitude.

ANFRY.

Ah! c'est M. Jules qui le demande. Il a donc oublié le mal qu'il en disait l'année dernière.

LE DOMESTIQUE.

L'année dernière n'est pas l'année qui court; on a changé d'idées depuis, et M. Jules ne rêve plus que Blaise. Mlle Hélène a raconté bien des choses qu'on ne savait pas ; elle a tant parlé de la piété de Blaise et de ses bons sentiments pour sa première

Jules était pâle et maigre.

communion, que Monsieur et Madame ne redoutent plus sa compagnie pour M. Jules.

ANFRY.

Mais c'est Blaise qui craint celle de M. Jules, et j'aimerais autant que chacun restât chez soi.

### LE DOMESTIQUE.

Comme vous voudrez, Monsieur Anfry. Je vais toujours dire à M. le comte que Blaise est sorti. »

Le domestique s'en alla, laissant Anfry et sa femme fort contrariés de cette lubie de Jules.

Quand Blaise fut de retour, et qu'il sut qu'on était venu le demander au château, le pauvre garçon eut peur et supplia son père de le laisser aller aux champs tout de suite après son dîner.

« Mais où iras-tu, mon pauvre Blaisot?

— J'irai travailler aux champs avec les garçons de ferme, papa; le fermier m'a tout justement demandé si je ne voulais pas venir en journée chez lui pour toutes sortes de travaux. Je suis grand garçon maintenant; je puis bien travailler comme un autre.

— Fais comme tu voudras, mon pauvre Blaise; voici le domestique que j'aperçois enfilant l'avenue; bien sûr, c'est encore pour toi. »

Blaise sauta de dessus de sa chaise et sortit par une porte de derrière pour ne pas être vu du domestique. Il courut à toutes jambes à la ferme et demanda de l'ouvrage; on lui donna des vaches à mener à l'herbe et à garder jusqu'au soir.

Le domestique arriva chez Anfry cinq minutes après que Blaise en était parti.

« Eh bien, où est donc votre garçon? dit-il en regardant de tous côtés. N'est-il pas encore revenu dîner? M. le comte l'envoie chercher.

— Blaise est venu dîner, et il est reparti pour aller travailler à la ferme, où il est retenu pour l'été, dit Anfry d'un air satisfait et légèrement moqueur.

LE DOMESTIQUE.

Pourquoi l'avez-vous laissé partir, puisque je vous avais prévenu que M. le comte le demandait?

ANFRY.

Il est d'âge à travailler, et il faut qu'il s'habitue

On lui donna des vaches à garder jusqu'au soir.

à gagner sa vie. Je n'ai pas de quoi le garder à fainéanter comme les enfants de M. le comte.

LE DOMESTIQUE.

Eh bien, M. le comte sera content! il va me donner un galop, et vous en aurez les éclaboussures bien certainement.

ANFRY.

A la volonté de Dieu! Je ne crains pas les gronderies quand je ne les mérite pas. »

Le domestique s'en retourna encore une fois en grommelant, et Anfry alla à son jardin; tout en bêchant, il souriait en se disant :

« Blaisot a eu une bonne idée tout de même ! C'est qu'il n'est pas bête, ce garçon ! »

Mais M. de Trénilly ne se décourageait pas si facilement ; il voyait bien que Blaise ne venait pas parce qu'il ne s'en souciait pas, et que le travail à la ferme n'était qu'un prétexte. Cette résistance l'irritait sans le surprendre. D'après ce que lui avait raconté Hélène pour la justification du pauvre Blaise, il avait conçu de l'estime pour lui, et il commençait à croire que Jules avait pu être trompé par les apparences et s'être mépris sur les intentions de Blaise. Jules, de son côté, qui ne pouvait s'empêcher de reconnaître la bonté et la complaisance de Blaise, parlait souvent du désir qu'il avait de le revoir et de l'avoir pour compagnon de jeux. M. de Trénilly admirait la générosité de son fils, qui oubliait les méfaits de Blaise, et il se promettait de satisfaire son désir dès qu'ils seraient de retour à la campagne. La maladie que fit Jules à la suite d'une chute de cheval dans une partie de cerises à Montmorency hâta ce retour. Jules demanda Blaise dès son arrivée, et il fut très contrarié de devoir attendre au lendemain.

Ce fut bien pis quand il sut le lendemain que Blaise était au catéchisme, qu'il fallait l'attendre jusqu'à midi. Mais quand il vit une seconde fois revenir le domestique sans Blaise, et qu'il sut qu'il en serait de même tous les jours, il se mit à pleurer amèrement. Son père lui offrit vainement des livres, des couleurs et tout ce qui pouvait l'amuser. Jules pleurait toujours, refusait toute distraction, et ne cessait de demander Blaise. M. de Trénilly, qui l'aimait avec une faiblesse qu'il n'avait jamais montrée que pour ce fils indigne de sa tendresse, lui promit de faire en sorte de dégager Blaise de son travail de ferme et de le ramener dans une heure avec lui. Jules se calma d'après cette assurance, et resta tranquillement étendu dans son fauteuil. M. de Trénilly se rendit précipitamment à la maison d'Anfry : mais Anfry était sorti pour faire des fagots dans le bois.

Anfry faisait des fagots dans le bois.

De plus en plus contrarié, mais contenant son humeur, M. de Trénilly alla à la ferme et demanda Blaise. On lui dit qu'il était dans les prés à garder les vaches.

« Allez le chercher, dit M. de Trénilly ; remplacez-le par quelqu'un, j'ai besoin de lui tout de suite; je l'attends ici. »

Et il s'assit sur une chaise que lui offrit la fermière, non sans quelque crainte; l'air sombre et mécontent du comte la terrifiait; aussi ne tarda-t-elle pas à s'esquiver, sous un léger prétexte; elle prévint ses enfants de ne pas entrer dans la salle, de peur de se faire gronder par M. le comte, qui n'avait pas l'air aimable, disait-elle, et elle alla voir qui on pourrait mettre à la place de Blaise.

Les enfants de la ferme, dont le plus âgé avait huit ans et le plus jeune quatre, se gardèrent d'abord d'entrer dans la salle; mais la crainte fit bientôt place à la curiosité; l'aîné, Robert, alla tout doucement regarder à la fenêtre pour voir comment était la figure peu aimable de M. le comte. Il recommanda à ses frères de l'attendre dehors et de ne pas bouger. Peu de minutes après il revint et leur dit à voix basse :

« Je l'ai vu; il est affreux; il a l'air méchant tout à fait. Il a levé les yeux, je me suis sauvé bien vite.

— Je vais y aller voir à mon tour, dit François; il doit être effrayant.

— Va, mais ne fais pas de bruit; qu'il ne t'entende pas, dit Robert; il te battrait. »

François partit aussitôt et revint comme son frère, mais bien plus effrayé.

« Ses yeux brillent comme des chandelles, dit-il, je crois qu'il m'a vu; il s'est levé et a regardé à la fenêtre comme s'il voulait sauter au travers; je me suis sauvé; j'ai eu bien peur.

— Laisse-moi aller aussi, dit Alcine, le plus

« Au secours! au secours! » criait Alcine.

jeune; j'ai tant envie de voir ses yeux qui brillent!

— Va, Alcine, mais prends bien garde qu'il ne te voie. Reviens tout de suite. »

Alcine partit enchanté, quoique son cœur battît de frayeur. Il marcha sur la pointe des pieds en approchant de la fenêtre et chercha à voir, mais il était trop petit, il ne voyait rien. Alors il voulut grimper sur le rebord de la fenêtre et y réussit après beaucoup d'efforts. Le bruit qu'il faisait attira l'attention du comte, qui se leva et se dirigea vers la fenêtre au moment où Alcine parvenait à y monter. Le pauvre enfant poussa un cri de frayeur en voyant arriver à lui ce terrible croquemitaine dont ses grands frères avaient eu peur. Le comte, voyant l'enfant tout prêt à dégringoler, ouvrit précipitamment la fenêtre et le saisit par le corps. Le pauvre Alcine crut que c'était pour le dévorer, et il se mit à crier plus fort en appelant ses frères à son secours.

« Il me tient! il va me manger! Au secours! au secours! Robert, François, au secours! »

Le comte, étonné de l'effet qu'il produisait, posa l'enfant par terre au moment où les frères, bravant le danger, accouraient, armés, l'un d'une fourche, l'autre d'un râteau. Ils ouvrirent précipitamment la porte et s'élancèrent sur le comte, qui, ne s'attendant pas à cette attaque, n'eut que le temps de se rejeter vivement au fond de la chambre. Il s'arma d'une chaise pour s'en faire un bouclier contre la fourche et le râteau qui cherchaient à l'embrocher et à l'assommer, pendant qu'Alcine tout tremblant se relevait et s'esquivait. Robert et François, voyant leur frère en sûreté, fondirent une dernière fois sur le comte, toujours armé de sa chaise; la fourche et le râteau restèrent pris dans la paille de la chaise; Robert, se voyant désarmé, entraîna son frère qui se trouvait également sans armes, et tous deux se précipitèrent hors de la chambre avec autant d'agilité qu'ils y étaient entrés. Le comte, revenu de sa surprise, voulut savoir ce qui avait causé cette attaque inexplicable; il sortit, tourna autour de la maison, visita les bâtiments de la ferme et n'y trouva personne. Les enfants étaient bien loin en effet; ils avaient couru tous les trois rejoindre leur mère, qui revenait avec Blaise; ils lui racontèrent que le comte était si méchant et si furieux qu'il avait voulu manger Alcine.

« Il l'aurait mangé, maman, si Robert et moi nous n'étions arrivés avec une fourche et un râteau....

— Une fourche, un râteau! contre M. le comte! s'écria la mère effrayée. Jésus! mon Dieu! qu'est-ce qui va advenir de nous?

#### ROBERT.

Il le tenait déjà par terre, maman; il ouvrait une bouche énorme, et il avait de grandes dents blanches comme celles d'un loup!

#### FRANÇOIS.

Et des yeux qui semblaient brûler ce qu'ils regardaient!

#### ALCINE.

Et des grandes mains énormes qui me serraient d'une force!...

#### LA FERMIÈRE.

Jésus! miséricorde! Malheureux enfants! Qu'avez-vous fait! Prendre M. le comte pour un loup! Mais est-ce croyable, cette sottise-là?... Jamais il ne nous le pardonnera. Seigneur Dieu! que va-t-il me dire? Ma foi, mon Blaise, vas-y tout seul, toi. Je n'oserais jamais, après ce qui s'est passé.

ROBERT.

Vous voyez bien, maman, que, vous aussi, vous avez peur.

LA FERMIÈRE.

Mais c'est par rapport à vos fourches, petits nigauds. Je n'aurais pas eu peur sans cela.

FRANÇOIS.

Et pourquoi donc, en vous en allant, nous avez-vous dit de ne pas y aller? C'est que vous aviez peur qu'il ne nous fît du mal.

LA FERMIÈRE.

Hélas! mon Dieu, que faire? Va vite, Blaisot, puisqu'il t'a demandé; va le trouver dans la salle et raconte-nous ce qu'il t'aura dit; tu nous retrouveras dans la grange. »

Blaise aurait bien voulu ne pas y aller, ou du moins ne pas y aller seul, mais il n'osa pas désobéir aux ordres du comte et de la fermière et il se dirigea vers la ferme sans trop hâter le pas.... Il arriva jusqu'à la salle et tressaillit d'aise : le comte n'y était plus.

« Il est parti, il est parti! cria Blaise à la fermière et aux enfants; vous pouvez venir, il n'y a plus de danger. »

A peine avait-il achevé ces paroles qu'il aperçut à dix pas de lui le comte sortant d'une bergerie.

Ils fondirent une dernière fois sur le comte, toujours armé de sa chaise.

Il avait reconnu la voix de Blaise et s'empressait de lui parler pour l'emmener, lorsqu'il entendit le joyeux appel à la famille du fermier.

« Ah çà! dit-il en fronçant le sourcil, pour qui me prend-on ici? Un des marmots que j'empêche de tomber du haut de la fenêtre croit que je vais le manger; deux autres m'attaquent avec une fourche et un râteau comme si j'étais une bête féroce. Et voilà que toi, Blaise, tu appelles, me croyant parti, en criant qu'il n'y a plus de danger! Qu'est-ce que tout cela veut dire?

— Monsieur le comte, dit Blaise un peu embarrassé, les enfants ont eu peur de vous déranger, et..., et....

LE COMTE, *avec colère et ironie.*

Et c'est pour ne pas me déranger qu'ils ont voulu m'assommer?

BLAISE.

Non pas, Monsieur le comte; ils ont seulement voulu défendre leur petit frère.

LE COMTE.

Défendre contre qui? Est-ce que je lui faisais du mal? Ce petit imbécile criait sans savoir pourquoi.

BLAISE.

Monsieur le comte, c'est que le petit est bien jeune, et....

LE COMTE.

Mais les autres sont assez grands pour savoir qu'on ne se lance pas contre un homme à coups de fourche, surtout quand cet homme est le maître de la maison. Mais où est la mère? Amène-la-moi avec ses enfants. »

Blaise, enchanté d'être débarrassé d'une conversation aussi peu agréable, courut à la recherche de la fermière, qu'il trouva blottie dans un coin de la grange, entourée des enfants, qui osaient à peine respirer.

#### BLAISE.

Madame François, M. le comte vous demande, et les enfants aussi.

#### LA FERMIÈRE.

Jésus! Maria! que va-t-il se passer? que va-t-il dire? que va-t-il faire? Venez, mes enfants, mes pauvres enfants, il faut bien y aller puisqu'il l'ordonne. »

Les enfants, tremblants et en pleurs, suivirent leur mère en s'accrochant à son tablier; elle entra dans la salle, traînant ses enfants, dont la peur redoubla quand ils se trouvèrent en face du redoutable comte. Il les attendait debout au milieu de la salle, les bras croisés et tenant une canne à la main. La fermière salua, balbutia quelques mots d'excuses, et attendit que le comte parlât.

« Approchez, polissons! dit le comte d'une voix brève; comment avez-vous osé me menacer de vos fourches?

#### ROBERT.

J'ai cru que vous alliez manger Alcine; c'est alors que nous avons foncé sur vous pour le dégager.

#### FRANÇOIS.

Je vous prenais pour un ogre, tant vous aviez l'air sauvage et... mécontent.

PAUVRE BLAISE

LE COMTE, *à la fermière.*

Vous leur donnez de jolies idées sur mon compte ; je vous fais compliment de votre succès. Vous pouvez dire à votre mari qu'il n'a pas besoin de

se déranger pour venir signer la continuation de son bail. Je vous renvoie à Noël. Et quant à ces mauvais garnements, je leur apprendrai à me respecter. »

Et dégageant sa canne, il leur en donna quelques coups en disant :

« Chacun son tour ; voici pour la fourche, voilà pour le râteau ! »

Les pauvres enfants se sauvèrent en criant ; la mère les suivit en murmurant et en se félicitant d'avoir à quitter sous peu un si mauvais maître.

M. de Trénilly appela Blaise et lui commanda de 'e suivre. Blaise hésita un moment, mais il n'osa pas résister et suivit silencieusement, la tête baissée.

# XI

## LE CERF-VOLANT

Après quelques minutes de marche, M. de Trénilly se retourna, et, voyant l'air malheureux de Blaise, il ne put s'empêcher de sourire et de lui demander s'il croyait aussi devoir être dévoré.

Blaise rougit et balbutia quelques paroles inintelligibles.

« Écoute, Blaise, dit M. de Trénilly, tu sais sans doute que mon pauvre Jules est malade et que j'ai besoin de toi pour le distraire? »

Blaise ne répondit pas ; le comte reprit :

« Je sais que tu as fait l'année dernière quelques sottises, mais je veux les oublier en raison des bons sentiments que tu as manifestés depuis, d'après ce que m'a dit Hélène. Je désire que tu viennes tous les jours chez Jules depuis midi jusqu'au soir pour être son compagnon de jeux et de travail, et que tu n'ailles plus à la ferme. Acceptes-tu?

— Monsieur le comte, répondit Blaise en balbutiant, je suis fâché.... Je ne peux pas.... Papa désire que je travaille, que je gagne....

— Oh! quant à ton gain, je te promets que tu n'y perdras pas; je te donnerai le double de ce que tu reçois à la ferme.

— Monsieur le comte, dit Blaise, reprenant un peu courage, je ne pourrais pas entrer au château avec l'opinion que vous avez de moi. Je n'ai pas mérité les reproches que vous m'adressiez l'année dernière, et je ne puis vous promettre de faire autrement cette année. M. Jules ne m'aime pas; je ne dis pas qu'il ait tort; mais je ne crois pas possible que je reste près de lui dans les sentiments que je lui connais.

### LE COMTE.

Jules t'aime, au contraire, puisque c'est lui qui te demande; quant au passé, le mieux est de n'en pas parler. Nous voici bientôt arrivés; viens avec moi chez Jules, il sera bien content de te voir. »

Le pauvre Blaise ne dit plus rien; il se résigna pour ce jour-là, se proposant bien de demander à son père de refuser toutes les propositions du comte.

Ils entrèrent chez Jules, qui attendait le retour de son père avec une vive impatience.

« Eh bien, papa, Blaise vient-il?

— Le voici, mon garçon; j'ai eu de la peine à le trouver. Tu vois, Blaise, que Jules t'attendait.

— Bonjour, Blaise, s'écria Jules; nous allons bien nous amuser. Fais-moi un cerf-volant, que j'enlèverai lorsque je pourrai sortir.

BLAISE.

Bonjour, Monsieur Jules; je suis bien fâché de vous savoir malade.

JULES.

Demande du papier pour un cerf-volant, de l'osier, de la colle, des couleurs.

BLAISE.

Mais je ne sais à qui demander tout cela, Monsieur Jules.

JULES.

Au cuisinier, au valet de chambre.

BLAISE.

Jamais je n'oserai; ils ne m'écouteront pas.

JULES.

Je voudrais bien voir cela! Tu n'as qu'à leur dire : « C'est M. Jules qui m'envoie », et tu verras s'ils t'enverront promener. »

Blaise alla à l'antichambre demander de quoi faire un cerf-volant; mais il oublia de dire qu'il venait de la part de Jules.

Tous les domestiques qui se trouvaient dans l'antichambre éclatèrent de rire.

« Un cerf-volant! Je t'en souhaite des cerfs-volants! Il faut des cerfs-volants à Monsieur? Et tu me prends pour ton fournisseur? C'est bien de l'honneur, en vérité! — Servez donc Monsieur, camarades! dépêchez-vous! Monsieur attend, Monsieur est pressé!

— Tenez, Monsieur Blaise, voilà du papier, dit un des domestiques en lui tournant autour de la tête un papier sale et huileux.

— Monsieur Blaise, voilà de la colle, dit un autre en lui versant sur la tête une tasse d'eau sale.

— Monsieur Blaise, voici des couleurs », dit un troisième en lui remplissant de cirage le visage et les mains.

Le pauvre Blaise parvint à s'arracher d'entre les mains de ces domestiques méchants et grossiers. Il ne crut pas convenable de rentrer ainsi fait chez Jules, et courut chez lui pour se débarbouiller et changer de vêtements. Son père et sa mère furent effrayés de le voir revenir mouillé, noirci ; mais il les rassura en leur expliquant qu'il n'avait d'autre mal que l'humiliation des mauvais traitements dont il leur rendit compte.

« Et quant à cela, papa, dit-il, j'en dois être heureux, puisque Notre-Seigneur s'est laissé bien autrement humilier pour me sauver.

###### ANFRY.

Cela n'empêche pas, mon pauvre garçon, que tu ne retourneras plus dans cette maison de malheur.

###### BLAISE.

Je vous demande au contraire, papa, de vouloir bien me permettre d'y retourner, parce que, cette fois, ce n'est pas la faute de M Jules ; il m'attend toujours, et il doit trouver que je mets bien du temps à faire sa commission.

###### ANFRY.

Il t'arrivera encore des désagréments près de M. Jules, mon garçon, crois-moi. Laisse-moi aller

« Monsieur Blaise, voici des couleurs. »

trouver M. le comte, que je lui dise pourquoi je t'empêche d'y retourner.

### BLAISE.

Oh non! papa, je vous en prie; on gronderait les domestiques, on les renverrait peut-être.

### ANFRY.

Les renvoyer! pour des méchancetés qu'ils t'ont faites à toi, pauvre Blaise?

### BLAISE.

Pas à cause de moi, papa, mais parce qu'ils ont fait attendre M. Jules, qui se sera sans doute impatienté.

### ANFRY.

Mais pourquoi n'as-tu pas dit que ce que tu demandais était pour M. Jules?

### BLAISE.

Ils ne m'en ont pas laissé le temps; aux premières paroles j'ai perdu la tête, et je n'ai plus pensé à m'appuyer de M. Jules. Il y a tout de même de ma faute là dedans. C'eût été un peu sot si j'avais réellement demandé à ces messieurs de me servir comme si j'étais leur maître.

### ANFRY.

Tu es toujours prêt à t'accuser, mon Blaisot, à excuser les autres. C'est bien, mais tous ne font pas comme toi.

### BLAISE.

Tant pis pour eux, papa; ce n'est pas une raison pour que je n'avoue pas quand j'ai tort. Au revoir, papa et maman; je tâcherai de ne pas rester trop longtemps. »

Blaise, qui était nettoyé et rhabillé, courut au château et rentra chez Jules sans passer par l'antichambre. Il le trouva maussade et en colère d'avoir attendu si longtemps.

**JULES.**

D'où viens-tu? Pourquoi n'as-tu pas fait ce que je t'avais commandé? Qu'est-ce que cette belle toilette? Est-ce que j'avais besoin que tu changeasses d'habits? C'était bien la peine de me faire attendre mon cerf-volant depuis une heure!

**BLAISE.**

Je ne pouvais faire autrement, Monsieur Jules; je m'étais sali dans l'antichambre, et je ne pouvais me présenter plein de cirage devant vous.

**JULES.**

Est-ce maladroit? se remplir de cirage quand j'attends de quoi faire un cerf-volant! Et où sont le papier, la colle, l'osier, les couleurs, la ficelle?

**BLAISE.**

Je ne les ai pas, Monsieur Jules; on n'a pas voulu me les donner.

— On n'a pas voulu te les donner! s'écria Jules, rouge de colère. On n'a pas voulu! quand c'est moi qui les demande! Ils vont voir! Je les ferai tous chasser.

**BLAISE.**

Pardon, Monsieur Jules, ce n'est pas la faute des domestiques, c'est la mienne, parce que je n'ai pas pensé à dire que c'était pour vous.

**JULES.**

Imbécile! Tu as été demander pour toi? Comme

si tu avais droit à quelque chose ici? Retourne vite à l'antichambre et rapporte tout ce qu'il faut.

**BLAISE,** *avec embarras.*

Monsieur Jules, si cela vous était égal, j'irais chercher un des domestiques et vous lui expliqueriez vous-même ce que vous voulez.

**JULES.**

Non, je ne veux pas; je veux que tu demandes tout. Va tout de suite. Dieu! que c'est ennuyeux d'avoir affaire à un garçon bête et entêté comme toi! Je suis fatigué de te répéter la même chose. »

Blaise ne répondit pas; l'excellent garçon n'avait pas voulu faire gronder les domestiques, dont il avait tant à se plaindre depuis un an, et, malgré sa répugnance, il retourna à l'antichambre répéter sa demande, mais en ayant soin d'ajouter que c'était pour M. Jules.

« Pour M. Jules? Tout de suite, tout de suite! Auguste, donne-moi le papier.... Pas celui-ci! Le plus beau, le plus grand.... Cours à la cuisine faire de la colle et rapporte une pelote de ficelle. Georges, va vite au jardin demander au jardinier de l'osier pour faire un cerf-volant pour M. Jules. Mais,... ajouta-t-il en se retournant précipitamment vers Blaise, quand tu es venu tantôt demander de quoi faire un cerf-volant, est-ce que c'était pour M. Jules?

**BLAISE.**

Oui, Monsieur, c'était pour M. Jules.

**LE DOMESTIQUE.**

Et pourquoi ne l'as-tu pas dit, malheureux!

Nous voilà dans de beaux draps. M. Jules va nous faire tous partir pour avoir coiffé, arrosé et peint son messager.

**BLAISE.**

Je n'ai rien dit à M. Jules, Monsieur.

**LE DOMESTIQUE.**

Rien dit? Tu ne t'es pas plaint de nous?

**BLAISE.**

Non, Monsieur, pas du tout.

**LE DOMESTIQUE.**

Comment as-tu expliqué ton absence et ton changement d'habits?

**BLAISE.**

J'ai dit que je m'étais taché de cirage et que je ne rapportais pas de quoi faire un cerf-volant parce que j'avais oublié de dire que c'était pour M. Jules.

**LE DOMESTIQUE.**

Eh bien, tu es un brave garçon tout de même; il faut avouer que tu n'as pas de méchanceté. J'ai eu une belle peur! La place est bonne; non pas que les maîtres soient bons; ils sont au contraire détestables, mais ils payent bien et ne regardent à rien; on se fait de beaux bénéfices sans avoir l'air d'y toucher; et toi, Blaise, puisque tu es si bon garçon, nous te régalerons quelquefois d'une bouteille de vin, de liqueur, de café, de gâteaux, d'une moitié de volaille, de toutes sortes de choses. »

Blaise ne comprit pas bien ce que lui offrait le domestique, mais il vit qu'il y avait une intention aimable, et il remercia, tout en emportant les objets qu'on s'était empressé d'apporter.

« Voici, Monsieur Jules, de quoi faire votre cerf-volant, dit-il en posant le tout sur une table.

JULES.

Pourquoi restes-tu là à ne rien faire? Commence donc!

BLAISE.

Je croyais, Monsieur Jules, que vous vouliez vous amuser à le faire vous-même.

JULES.

Moi-même? Tu crois que je vais m'abîmer les mains à couper des bâtons d'osier, me salir les doigts à coller des papiers, me fatiguer et m'ennuyer à arranger tout cela? C'est pour que tu le fasses que je t'ai fait venir; je m'amuserai à te regarder faire. »

Blaise ne fut pas content du ton méprisant de Jules, et il eut un instant la pensée de le laisser là et de s'en aller.

« Mais non, se dit-il, ce serait de l'orgueil; je suis le serviteur, c'est certain; je dois faire les volontés des maîtres et souffrir les humiliations. Tant pis pour M. Jules s'il est égoïste et dur; tant mieux pour moi si je le sers avec soumission et patience. »

Tout en faisant ces réflexions, il déployait les feuilles de papier, et préparait l'osier pour l'attacher en forme de cœur. Il passa une grande heure à faire ses préparatifs, à coller les feuilles et à les fixer sur les baguettes d'osier. Quand il eut fini de tout coller, qu'il n'y eut plus qu'à faire la queue et à peindre le cerf-volant, Blaise dit à Jules :

« Voudriez-vous, Monsieur Jules, vous amuser à peindre des figures sur le papier blanc du cerf-volant? je ferai la queue pendant ce temps; je ne saurais pas peindre. »

Jules ne répondit pas; Blaise, levant les yeux sur lui, vit qu'il s'était endormi.

« Je vais peindre comme je pourrai, dit-il. Ce ne sera pas bien, mais j'aurai fait de mon mieux. »

Et Blaise se mit à l'ouvrage, cherchant à figurer des hommes et des animaux sur le cerf-volant. Il n'avait aucune idée de peinture ni de dessin, c'était donc fort laid; ses hommes avaient l'air de poteaux de grande route, montrant le chemin aux passants; ses lapins avaient l'air de moutons; ses vaches ressemblaient à des chats, ses oiseaux pouvaient être pris pour des papillons, ses arbres pour des toits de maisons, ses montagnes pour des niches à chiens, etc. Mais Blaise, dans sa joie de manier des couleurs, trouvait ses peintures superbes et attendait avec impatience le réveil de Jules pour les lui faire admirer.

Enfin Jules se réveilla, étendit les bras en bâillant et appela Blaise.

### BLAISE.

Me voici, Monsieur Jules; j'ai fini le cerf-volant; il est tout à fait beau et joli. Tenez, Monsieur Jules, voyez donc comme il est couvert de belles peintures.

JULES.

Qu'est-ce que ces horreurs-là? Qui a peint ces affreuses figures?

— C'est moi, Monsieur Jules; j'ai fait de

Blaise se mit à l'ouvrage.

mon mieux, il me semblait que c'était bien et joli.

— Je te dis que c'est affreux; je n'en veux pas. Donne-moi ce cerf-volant. »

Blaise le lui remit avec quelque inquiétude. Quand Jules le tint entre ses mains, il donna un grand coup de poing dans le papier, qu'il creva, mit le tout en lambeaux, brisa les baguettes d'osier et mit la queue en pièces. Le pauvre Blaise poussa un cri de désolation.

« Hélas! Monsieur Jules, que faites-vous? Tout mon travail perdu! L'ouvrage de trois heures?

— Ne voilà-t-il pas un grand malheur! Recommence, et tâche de faire mieux.

— Je ne peux pas; vrai, je ne peux pas, Monsieur Jules, dit le pauvre Blaise en sanglotant.... J'ai fait de mon mieux.... Je n'ai plus de courage.... Je ne peux pas recommencer; cela m'est tout à fait impossible.

— Paresseux! imbécile! Tu es ici pour m'amuser; je veux un autre cerf-volant. »

Blaise était tombé sur une chaise; il continuait à sangloter, la tête cachée dans ses mains; sa patience et sa résignation étaient vaincues par la dureté et l'égoïsme de Jules; la tristesse de son cœur, longtemps comprimée, se fit jour, et il ne put retenir ses larmes.

« Va-t'en, pleurnicheur, lui dit le méchant Jules; va-t'en chez toi, et reviens demain de bonne heure. »

Blaise ne se le fit pas dire deux fois; il se leva sans pouvoir parler et sortit précipitamment. Il courut jusqu'à un petit bois contre lequel était adossée sa maison; là il s'assit au pied d'un arbre et pleura quelque temps encore.

« Que lui ai-je donc fait, se dit-il, pour qu'il soit si méchant pour moi? J'ai beau m'efforcer à lui faire plaisir, il tourne tout contre moi; jamais je n'entends sortir de sa bouche une parole de

Il le mit en lambeaux.

bonté, de remercîment! Toujours des reproches, des injures, de l'ingratitude!... Mon Dieu, mon Dieu, ajouta-t-il en redoublant ses sanglots, pardonnez-moi ces murmures; que votre volonté soit faite et non la mienne. Corrigez ce pauvre M. Jules, changez son cœur, rendez-le bon et charitable pour que je puisse l'aimer comme je le voudrais et le servir avec affection comme mon bon petit M. Jacques. — Mon bon, mon cher petit Monsieur Jacques, pourquoi êtes-vous parti? j'étais si heureux avec vous, je vous aimais tant!... Mais..., dit-il en séchant ses larmes, pourquoi ce chagrin? ne devrais-je pas me trouver heureux de souffrir pour expier les fautes que je commets et pour ressembler à Notre-Seigneur? Voyons, pas de faiblesse,... du courage!... Je vais laver mes yeux dans l'eau du fossé et je vais reprendre ma gaieté. C'est que M. Jules a raison! Il est très vrai que je suis un imbécile. S'il a brisé ce cerf-volant, ne voilà-t-il pas un grand malheur! J'en referai un autre demain.... L'autre n'était pas joli tout de même, se dit-il en souriant; les peintures étaient toutes drôles.... C'est naturel, je ne sais pas peindre. Allons, j'y vois clair maintenant; j'ai été tout bonnement vexé de n'avoir pas été admiré; c'est de l'orgueil tout cela. Ce soir, en me couchant, j'en demanderai pardon au bon Dieu. »

Et le bon petit Blaise reprit toute sa bonne humeur, et rentra en chantant à la maison.

« A la bonne heure, dit Anfry; voilà notre Blaisot qui rentre gaiement. Il n'y a donc pas eu d'orage cette fois-ci, mon garçon?

MADAME ANFRY.

Tiens, comme tes yeux sont rouges, mon ami? on dirait que tu as pleuré;... mais oui,... bien sûr, tu as pleuré!

BLAISE, *riant.*

C'est vrai, maman, j'ai pleuré ; mais, cette fois, c'est ma faute ; je suis un nigaud et un orgueilleux.

ANFRY.

Un nigaud, c'est possible ; un orgueilleux, non.

BLAISE.

Vous allez voir, papa, que je vaux moins que vous ne pensez. »

Et Blaise raconta bien exactement ce qui s'était passé, supprimant seulement les épithètes injurieuses de Jules.

Anfry examinait attentivement la physionomie expressive de Blaise pendant son récit. Quand il eut fini, il l'attira à lui et l'embrassa à plusieurs reprises, pendant que de grosses larmes roulaient le long de ses joues.

« Tu es la joie et l'honneur de tes parents, mon bon Blaise ; je comprends tout,... même ce que tu n'as pas dit. Quant aux douceurs que te promettent les domestiques, n'accepte rien ; en faisant des générosités aux dépens de leurs maîtres, ils se rendent coupables de vol ; ne nous faisons jamais leurs complices.

BLAISE.

Si c'est ainsi, papa, je ne recevrai rien du tout, pas même un morceau de sucre ou de gâteau.

ANFRY.

Tu feras bien, Blaisot ; sois honnête dans les petites choses, tu le seras dans les grandes. »

# XII

## L'ACCENT DE VÉRITÉ

Le lendemain, sans attendre qu'on vînt le chercher, Blaise alla au château et demanda encore de quoi faire un cerf-volant. Les domestiques, au lieu de le maltraiter comme ils l'avaient fait la veille, le reçurent avec amitié, en reconnaissance de sa discrétion. Pendant qu'on rassemblait les objets nécessaires, le valet de chambre qui la veille avait promis tant de choses à Blaise lui demanda s'il avait déjeuné.

« Oui, Monsieur, je vous remercie, dit Blaise poliment; j'ai mangé avant de partir.

LE VALET DE CHAMBRE.

Qu'as-tu mangé?

BLAISE.

Du pain et des radis, Monsieur.

LE VALET DE CHAMBRE.

Pauvre déjeuner, mon garçon; je vais t'en

donner un meilleur : une bonne tasse de café au lait avec une tartine de pain et de beurre.

### BLAISE.

Je vous remercie bien, Monsieur, je n'ai plus faim ; je n'en mangerai pas.

### LE VALET DE CHAMBRE.

Bah ! bah ! les bonnes choses se mangent sans faim.

### BLAISE.

Non, Monsieur, en vérité, je n'y goûterai seulement pas.

### LE VALET DE CHAMBRE.

Eh bien, un petit verre de frontignan avec un biscuit ?

### BLAISE.

Pas davantage, Monsieur, en vous remerciant de votre obligeance.

— Tu l'avaleras, mon ami ; tiens, voici les biscuits, dit-il en plaçant devant Blaise une assiette de biscuits ; et voici le vin », ajouta-t-il en mettant à côté un verre de frontignan.

Au moment où il posait la bouteille, il entendit le bruit d'une porte bien connu ; c'était celle du comte ; en une seconde le valet de chambre et ses camarades disparurent, laissant Blaise seul, devant la bouteille de frontignan et les biscuits.

Le comte entra pour envoyer chercher Blaise, que Jules demandait. Son étonnement fut grand en le voyant tout seul, les armoires ouvertes et le frontignan et les biscuits devant lui.

« Je te prends donc sur le fait, dit le comte revenu de sa surprise. Saint Blaise enrôlé dans les voleurs! Belle conduite, en vérité! Tu ne manques pas de front ni de hardiesse, mon garçon. Venir

On entendit le bruit d'une porte.

jusqu'ici pour voler mon vin et mes biscuits en l'absence de mes gens! c'est très bien! très bien!

— Monsieur le comte, vous vous trompez, dit Blaise les larmes aux yeux. Je n'ai touché à rien, et ce n'est certainement pas moi qui ai sorti ce vin et ces biscuits!

LE COMTE.

Et qui donc? Serait-ce moi, par hasard?

BLAISE.

Non, Monsieur le comte, je sais que ce n'est pas vous; mais, croyez-en ma parole, ce n'est pas moi non plus.

LE COMTE.

Et qui donc alors? Que fais-tu ici? Pourquoi es-tu seul devant ces armoires ouvertes, cette bouteille posée devant toi, et ce verre plein placé pour être bu?

BLAISE.

Vous dire qui, Monsieur le comte, je ne le puis, quoique je le sache. Je suis ici pour avoir de quoi faire un cerf-volant à M. Jules, qui m'attend. Quant aux armoires et au reste, je n'en suis pas coupable, et je vous supplie de me croire.

— Ce garçon-là est incompréhensible, dit le comte à mi-voix; il vous domine malgré vous : me voici disposé et obligé à le croire, malgré ma raison et l'évidence des faits. — C'est bon, va chez Jules qui t'attend, ajouta-t-il à haute voix.

BLAISE.

Monsieur le comte, me croyez-vous? j'ai besoin de le savoir pour rester dans votre maison et surtout près de votre fils.

— Eh bien,... oui!... je te crois, dit M. de Trénilly avec vivacité, après un instant d'hésitation.

Je te crois, puisque je ne puis faire autrement, et que malgré moi je t'estime.

— Merci, Monsieur le comte, merci, dit Blaise, les yeux brillants de bonheur. Que le bon Dieu vous récompense en votre fils de la bonne parole que vous avez dite! Merci. »

Et Blaise sortit pour entrer chez Jules, laissant M. de Trénilly ému et surpris de l'impression que ce garçon produisait sur lui et de l'autorité qu'exerçait sa parole.

« Comment, te voilà, Blaise! s'écria Jules en le voyant entrer. Je croyais que tu ne viendrais pas. »

BLAISE.

Pourquoi donc, Monsieur Jules? N'avais-je pas à réparer ma sottise d'hier et à vous refaire un autre cerf-volant?

JULES.

C'est que tu étais parti en pleurant; je croyais que tu serais fâché de ce que je t'avais dit.

BLAISE.

Pas du tout, Monsieur Jules. Il est vrai que j'ai été..., pas fâché,... mais... contrarié, peiné, et que j'ai pleuré encore longtemps après vous avoir quitté; j'ai pourtant fini par comprendre que j'étais un orgueilleux et, de plus, un sot, et me voici prêt à vous faire un cerf-volant, que je soignerai de mon mieux....

— Et que tu peindras, interrompit vivement Jules.

— Et que je me garderai bien de peindre, reprit Blaise en souriant. Il faut convenir que c'était bien laid ce que j'avais fait, et que vous avez eu raison de le déchirer.

— Je ne crois pas,... je ne pense pas,... dit Jules en balbutiant, touché malgré lui de l'humilité et de la bonté de Blaise; on aurait pu l'arranger, le couvrir, le repeindre.

— Ah bien! ne pensons plus à ce qu'on aurait pu faire du défunt et commençons le nouveau. Voulez-vous m'aider un petit peu, Monsieur Jules? cela ira plus vite.

— Je veux bien », dit Jules avec plus de douceur que d'habitude.

Blaise commença à ajuster les brins d'osier, pendant que Jules préparait le papier; il le fit d'assez bonne grâce, et avant une heure le cerf-volant fut terminé; il ne restait plus à faire que la queue, et Jules essaya de barbouiller quelques figures sur le cerf-volant. Blaise les trouva admirables, malgré leur défaut de couleurs et de formes. Jules, très flatté de l'admiration de Blaise, devint de plus en plus aimable et lui proposa de lancer le cerf-volant sur la pelouse devant la maison. Blaise n'eut garde de refuser, et ils s'apprêtèrent à sortir. Blaise offrit de porter le cerf-volant.

JULES.

Non, non, laisse-moi le porter; j'en aurai bien soin.

BLAISE.

Prenez garde de bien relever la queue, Monsieur Jules; si elle trainait et que vous missiez le pied dessus, vous la feriez casser. »

Jules avait posé le cerf-volant sur la cheminée, il le prit à deux mains et fit quelques pas pour faire traîner la queue et la rouler à son bras. En tirant la queue pour l'enrouler, il ne s'aperçut pas qu'elle était accrochée à un des candélabres de la cheminée; il sentit de la résistance, tira fort; la queue se rompit, et le candélabre roula à terre avec fracas : bougies, bobèches et bronze, tout était brisé.

« Là, mon Dieu! s'écria Blaise en courant au candélabre; tout est cassé! quel dommage! que c'est malheureux!

**JULES.**

Qu'est-ce que ça fait? On m'en donnera un autre; crois-tu que je vais pleurer pour un méchant candélabre.

**BLAISE.**

Mais, Monsieur Jules, M. le comte grondera sans doute?

**JULES.**

Grondera? moi? Par exemple! D'ailleurs s'il veut gronder, ce sera toi qu'il grondera, et il aura bien raison.

— Moi! dit Blaise stupéfait.

**JULES.**

Certainement, toi. N'est-ce pas bête d'avoir fait une queue si longue et si entortillée qu'on ne sait qu'en faire? Si tu n'avais pas voulu faire le savant et montrer ton habileté, il n'y aurait pas eu de queue, et le candélabre ne serait pas cassé.

#### BLAISE.

Mais, Monsieur Jules, ce n'est pas par orgueil que j'ai fait cette queue, c'est pour vous faire plaisir, pour embellir votre cerf-volant. Et si vous y aviez regardé, vous auriez tiré plus doucement et vous n'auriez rien cassé.

— Là! c'est ma faute maintenant! s'écria Jules avec colère et tapant du pied. Je te dis que c'est la tienne; tu es un maladroit; tu disais toi-même tout à l'heure que tu étais sot et orgueilleux! c'est très vrai.

#### BLAISE.

Hier j'ai été sot et orgueilleux, c'est la vérité, Monsieur Jules; mais je ne crois pas l'avoir été aujourd'hui.

#### JULES.

Tu crois toujours être parfait, je le sais bien; moi je te dis que tu es désagréable et insupportable.

#### BLAISE.

Pourquoi me faites-vous venir pour jouer avec vous, Monsieur Jules? Ce n'est pas moi qui le demande, bien sûr; je n'y ai pas déjà tant d'agrément?

#### JULES.

Qu'est-ce que tu veux dire par là? Que je suis méchant, que je te rends malheureux?... Ce n'est pas vrai; c'est toi qui me mets en colère et qui m'ennuies avec tes airs bêtes.

#### BLAISE.

Qu'à cela ne tienne, Monsieur Jules, il est facile

de vous contenter; bien le bonsoir, Monsieur Jules; cette fois c'est pour ne plus revenir, puisque je ne vous suis point utile.

— Va-t'en, je ne veux plus de toi, ni rien qui vienne de toi », dit Jules en mettant en pièces le cerf-volant et le jetant à la tête de Blaise.

Puis, se laissant aller à sa colère, il se roula sur

son canapé en criant et en injuriant Blaise. M. de Trénilly entra précipitamment dans la chambre de Jules et fut effrayé de le voir dans cet état, qu'il prenait pour du chagrin. Il vit le candélabre brisé et les débris du cerf-volant, que Blaise cherchait à rassembler, mais il ne fut occupé que de Jules et lui demanda avec inquiétude ce qu'il avait.

Jules fut quelques instants sans répondre; il balbutia enfin :

« C'est Blaise; c'est la faute de Blaise.

— Encore! dit M. de Trénilly avec sévérité. Qu'est-il arrivé? Parle, Blaise. »

Au moment où Blaise ouvrait la bouche pour répondre, Jules s'empressa de prendre la parole :

« C'est Blaise qui a voulu faire voir son habileté : il a fait une si longue queue au cerf-volant qu'elle a accroché le candélabre, qui s'est cassé. Et voilà à présent qu'il se fâche, qu'il ne veut pas arranger mon cerf-volant; il dit qu'il veut s'en aller et qu'il ne reviendra plus jamais, parce que je suis un méchant, un insupportable. Il m'a abîmé hier mes couleurs et un cerf-volant; aujourd'hui il casse tout, puis il se fâche encore!

LE COMTE.

Blaise, ce que tu fais est très mal; si tu recommences, je te ferai fouetter par mes gens.

BLAISE.

Je n'ai rien fait de ce que dit M. Jules, Monsieur le comte; je ne crois mériter aucune punition. Et quant à me faire fouetter par vos gens, ils n'ont pas le droit de me frapper et je ne me laisserai pas faire.

LE COMTE.

C'est ce que nous verrons, petit drôle.

JULES.

Non, papa, non, pardonnez-lui encore cette fois, je vous en supplie; une autre fois, s'il recommence, je le laisserai fouetter; mais, aujourd'hui je ne veux pas.

LE COMTE.

Comme tu voudras, mon ami ; c'est en ta faveur que je lui pardonne son insolence, et j'aime à croire qu'il ne recommencera pas.

— Monsieur Jules, dit Blaise en se retirant, je vous pardonne de tout mon cœur, et à vous aussi, Monsieur le comte, tout-puissant que vous êtes et tout petit que je suis. Si jamais vous venez à savoir la vérité, dites-vous bien tous les deux que je vous ai pardonnés, sincèrement pardonnés. »

Et Blaise ouvrit la porte, sortit et la referma avant que le comte fût revenu de sa stupéfaction.

Après le départ de Blaise, le comte resta longtemps pensif, regardant souvent Jules, dont l'attitude embarrassée et l'air craintif indiquaient une mauvaise conscience.

« Jules, dit enfin le comte en s'asseyant près de lui ; Jules, je t'en conjure, dis-moi la vérité. Je te pardonne d'avance ; dis-moi si Blaise est innocent et si tu l'as calomnié par un premier mouvement d'humeur et de dépit. Dis-moi la vérité ; quelque chose me dit que Blaise a raison et que tu me trompes. »

Jules avait été fort embarrassé aux premières paroles de son père ; car lui-même commençait à avoir parfois des remords de son injustice et de sa cruauté envers le pauvre Blaise ; mais la crainte de perdre la confiance du comte, de ne plus être cru dans l'avenir, arrêta l'aveu prêt à lui échapper, et il dit d'une voix basse et hésitante :

« En vérité, papa, je ne sais pas pourquoi vous

croyez que je mens, et pourquoi vous ajoutez foi aux impertinentes paroles de Blaise et pas aux miennes; je suis votre fils pourtant, et lui n'est qu'un fils de portier, un paysan.

— C'est vrai, Jules, mais il y a dans ses yeux, dans sa voix, dans tout son air quelque chose que je ne puis m'expliquer, mais qui me donne une estime, une confiance qui augmentent à chaque démêlé que j'ai avec lui. Et c'est pourquoi, mon Jules, je te demande encore avec instance un seul mot. Blaise a-t-il quelque chose à nous pardonner à toi et à moi? Je ne t'en demanderai pas davantage, je te le promets; est-ce OUI ou NON?

— .... Oui », répondit enfin Jules en baissant la tête et les yeux.

Quand Jules releva la tête, son père était parti.

Inquiet, effrayé, il alla le chercher dans sa chambre; il n'y trouva personne. Il sonna un domestique.

« Où est papa? dit-il; est-il sorti?

— Oui, Monsieur Jules; M. le comte vient de sortir; il a descendu l'avenue du côté d'Anfry. »

L'inquiétude de Jules augmenta. Qu'est-ce qu'il était allé faire chez Anfry? Il aura voulu sans doute questionner Blaise.

« Ce vilain Blaise lui aura raconté tout ce qui s'est passé, se dit Jules, et papa va être furieux contre moi. Il est impossible que Blaise ne lui raconte pas tout; j'ai été un peu méchant pour lui, et il sera enchanté de se venger.... Et papa qui croit tout ce qu'il dit, je ne sais pas pourquoi,... c'est-à-dire je sais bien pourquoi.... Il est vrai qu'on ne peut pas ne pas le croire quand il parle, il a un air si honnête,... et véritablement il est bon,... le pauvre garçon! Comme je l'ai traité hier!... Et c'est lui qui vient me dire qu'il a été orgueilleux et sot, et qui a l'air de me demander pardon.... Pauvre Blaise! »

Pendant que Jules faisait ces réflexions, M. de Trénilly marchait à pas précipités vers la maison d'Anfry. Il y trouva Blaise, les yeux rouges, l'air triste, qui était en train de raconter à son père la cause de son nouveau chagrin. M. de Trénilly marcha droit vers Blaise, à la grande frayeur de ce dernier, qui recula de quelques pas pour éviter le contact du comte. Il fut très surpris quand il vit le comte lui saisir la main, la presser fortement, et lui dire d'une voix émue :

« Jules et moi, nous avons eu tort, Blaise; j'accepte ton pardon et je t'en remercie; tu es un brave et honnête garçon, je te l'ai dit ce matin; je t'estime et je te crois. Reviens au château sans crainte, quand tu voudras et partout où tu voudras. Adieu, Blaise, au revoir, et bientôt, j'espère. Bonsoir, Anfry; je vous félicite d'avoir un fils pareil.

— Merci, Monsieur le comte; c'est bien de l'honneur que vous nous faites. »

Le comte tenait encore la main de Blaise; le pauvre garçon, tremblant et ému, se permit de presser à son tour la main qui pressait la sienne. Quand il sentit que le comte lui rendait cette pression, il saisit la main du comte et la couvrit de baisers et de larmes. Le comte, ému lui-même, se dégagea après une dernière étreinte, et sortit

Il saisit la main du comte.

sans ajouter une parole, mais en saluant d'un air amical. Quand il fut parti, Anfry s'écria :

« Eh bien, il a du bon, tout de même! C'est beau d'être venu lui-même et tout de suite reconnaître ses torts. C'est le bon Dieu qui récompense ta patience et ton humilité, mon Blaisot.

— Le bon Dieu est trop bon pour moi. C'est étonnant le plaisir que m'a fait la visite de M. le comte et tout ce qu'il m'a dit; et la main qu'il me serrait à la briser, et son air tout autre. Lui qui a l'air si sévère, il avait l'air doux et attendri!... Mais c'est donc M. Jules qui lui aura dit quelque chose? C'est bien de sa part! »

Le pauvre Blaise dormit bien cette nuit; son cœur était plein de reconnaissance pour le bon Dieu, pour le comte, pour Jules. Il ne se souvenait plus des sévérités du comte, des méchancetés et des calomnies de Jules; il ne pensait qu'aux bonnes paroles qu'il avait reçues, et qu'il attribuait à un aveu complet de Jules. Il se réveilla donc le lendemain gai et heureux; sa tristesse était remplacée par un sourire radieux; son père et sa mère, heureux de cette transformation, l'embrassèrent avec tendresse; le père lui demanda s'il irait au château.

« Oui, papa, dès que j'aurai déjeuné: il me tarde de revoir M. le comte et de remercier M. Jules de sa franchise. »

# XIII

## LE REMORDS

Blaise se dirigea vers le château quand il crut Jules levé, habillé et prêt à le recevoir. En entrant dans le vestibule et en montant l'escalier, il fut surpris de ne pas voir de domestiques; c'était pourtant l'heure où ils étaient tous occupés à faire les appartements. En approchant de la chambre de Jules, il entendit un mouvement extraordinaire et un bruit confus de voix qui s'entr'appelaient. Il poussa la porte, entra et vit M. de Trénilly assis près du lit de Jules, qui paraissait en proie à une fièvre violente, et qui parlait avec une vivacité tenant du délire.

« Je ne veux pas que Blaise vienne, criait-il; non,... il dirait tout. Chassez Hélène; Blaise lui a tout raconté. Ne dites rien à papa.... Je vous ferai tous chasser.... Ne laissez pas Blaise près de papa.... Ce pauvre Blaise, il est bon pourtant.... Je suis sûr qu'il m'a pardonné,... il l'a dit.... Je ne veux pas le voir, j'ai honte; il sait que j'ai menti, menti, menti. »

Et Jules retomba dans les bras de son père désolé; il ne dit plus rien; il tournait la tête de tous côtés.

« J'ai mal, dit-il ; j'ai mal.... C'est Blaise!... c'est sa faute,... c'est lui qui me déchire le cerveau.... Aïe, aïe! qu'est-ce qu'il veut? il ne dit pas..., mais je vois bien,... il veut que je devienne comme lui,... que je dise tout à papa, à tout le monde.... Non, c'est impossible,... impossible.... Blaise, laisse-moi!... je ne peux pas,... tu vois bien que je ne peux pas,... on saurait tout, tout.... Quelle honte!... Je ne peux pas. »

Encore un silence, mais l'agitation ne cessait pas. Blaise restait à la porte, tremblant, effrayé, ne sachant pas s'il devait se montrer ou s'en aller. M. de Trénilly attendait avec impatience le médecin qu'il avait envoyé chercher.

La veille, quand il était rentré de chez Anfry, il n'avait rien dit à Jules, dont l'inquiétude augmentait d'heure en heure en voyant l'air sévère et préoccupé de son père.

« Blaise a-t-il parlé à papa? se demandait-il. Qu'a-t-il dit? »

Sa frayeur augmenta lorsque, le soir, en lui disant adieu, son père, pour la première fois de sa vie, refusa de l'embrasser et lui dit :

« Va te coucher, Jules, va; mais, avant de t'endormir, réfléchis à ta conduite et repens-toi. »

« Papa sait tout, se dit-il. Que va-t-il faire, lui

qui est si sévère? Je vais être très malheureux; il sera pour moi, comme il est pour Hélène et pour tout le monde, sévère à faire trembler. Ce méchant Blaise! qu'avait-il besoin de se justifier! Ne voilà-t-il pas un grand malheur que papa ne l'aime pas et le croie menteur et voleur? Papa n'est pas son père! il aurait peut-être chassé les Anfry, voilà tout.... Mon Dieu, que va-t-il m'arriver demain? J'ai peur! Oh! j'ai peur! Je m'ennuie tant, déjà! Ce sera bien pis! »

Après avoir passé une partie de la nuit dans cette cruelle inquiétude, Jules, à peine rétabli de sa maladie, fut pris de la fièvre et du délire. Quand la bonne d'Hélène vint le lendemain ouvrir ses volets et lui apporter ce qui lui était nécessaire pour sa toilette, elle le trouva si malade qu'elle courut avertir le comte. Il envoya immédiatement chercher le meilleur médecin de la ville voisine, et s'établit près de son fils sans savoir quels soins, quels remèdes lui donner. Les paroles incohérentes de Jules lui découvrirent la cause de sa maladie; quelque chose de grave troublait sa conscience; il ne savait quel moyen employer pour la décharger du poids qui l'oppressait. Personne dans la maison n'avait d'empire sur Jules et ne possédait son affection. Dans sa détresse, le malheureux comte se retourna comme pour chercher du secours; il aperçut Blaise, toujours immobile, debout à la porte; les domestiques étaient tous sortis.

« Blaise, mon ami, dit à mi-voix M. de Trénilly, c'est Dieu qui t'envoie. Viens m'aider à guérir le cerveau malade de mon pauvre Jules. Viens; c'est le remords qui le tue; le remords du mal qu'il t'a fait. Dis-lui que tu lui pardonnes; et dis-moi aussi que tu me pardonnes. Dieu le venge en m'éclairant. »

Le comte tendit la main à Blaise, qui voulut la baiser, mais le comte, l'attirant à lui, le serra contre son cœur.

« Blaise, Blaise, prie Dieu qu'il nous pardonne, qu'il ne m'enlève pas mon fils, qu'il lui ouvre les yeux comme il me les a ouverts à moi, qu'il lui donne le temps du repentir; qu'il puisse réparer le mal qu'il t'a fait! Blaise, mon enfant, prie pour nous, toi qui sais prier. »

Et le comte tomba à genoux près du lit de Jules, dont les fréquents gémissements, les paroles entrecoupées lui brisaient le cœur.

Blaise, lui aussi, se mit à genoux, près du comte; il pria et pleura; sa prière fervente et généreuse obtint du bon Dieu un léger adoucissement aux souffrances de Jules; quand le comte se releva, Jules dormait d'un sommeil assez calme.

Le comte le regarda avec espérance et bonheur; il releva Blaise, toujours agenouillé près du lit de Jules, lui serra les mains dans les siennes et lui dit à voix basse :

« Reste près de lui, mon enfant, pendant que je vais m'habiller. S'il s'éveille, viens me chercher. »

Jules dormit près d'une heure; le comte était revenu s'établir près de son lit, gardant Blaise près de lui. Le médecin n'arrivait pas; le comte ne savait que faire pour dégager la tête si évidemment embarrassée. La bonne n'y entendait rien non plus;

Le comte tomba à genoux près du lit de Jules.

Mme de Trémilly était restée à Paris pour le renouvellement de la première communion d'Hélène.

Jules s'éveilla; il ouvrit de grands yeux, regarda son père et Blaise sans les reconnaître.

« Je veux Blaise, dit-il... Il faut que je lui parle.... Ne laissez pas entrer papa,... qu'il n'entende pas ce que je dirai.... Appelez Blaise;... quand je lui aurai parlé, ma tête brûlera moins;... c'est si lourd dans ma tête.... Tout ce que je veux dire pèse tantôt dans ma tête, tantôt dans mon cœur.

— Monsieur Jules, je suis près de vous, dit Blaise en s'approchant timidement.

— Qui es-tu? Va-t'en!... Je veux Blaise.

— C'est moi qui suis Blaise, monsieur Jules; je viens vous soigner.

— Alors tu n'es pas Blaise.... Blaise me déteste.... Tu sais bien tout ce que j'ai dit de lui?... Eh bien, ce n'était pas vrai.... Tout, tout était faux.... Tu sais bien les poulets?... c'est moi qui les avais noyés... Tu sais bien les habits mouillés? c'est lui qui m'a donné les siens; c'est lui qui m'a tiré de l'eau; c'est lui qui a toujours été bon et moi toujours méchant.... Tu sais bien les fleurs? c'est moi qui ai tout brisé; c'est moi qui les ai fait demander par Blaise.... Tu sais bien le cerf-volant? c'est moi qui ai été méchant, si méchant!... Blaise a été si bon que cela m'a remué le cœur,... mais pas assez,... non,... pas assez.... Pauvre Blaise!... Tu as entendu comme il m'a pardonné?... Et papa aussi,... Blaise lui a pardonné!... Papa a été méchant pour Blaise!... C'est ma faute,... c'est moi qui mentais. Oh! ma tête!... Blaise! je veux Blaise! »

Le pauvre comte était dans un état déplorable. Chaque parole était pour lui une affreuse révélation de sa propre faiblesse, de sa propre injustice

## PAUVRE BLAISE

et de la méchanceté de son fils. La tête cachée dans les mains, il sanglotait à faire pitié ; ses larmes se faisaient jour à travers ses doigts crispés, et venaient retomber sur la tête de Blaise à genoux près de lui.

« Mon Dieu, disait Blaise en lui-même, consolez ce pauvre M. le comte ; mon Dieu, vous êtes si bon ! pardonnez à ce pauvre M. Jules, donnez-lui le repentir de ses fautes, non pas le repentir qui le désole, mais le repentir qui console et qui rend meilleur. Rendez-lui la connaissance afin qu'il puisse décharger son cœur en avouant

Blaise pria et pleura (P. 186.)

les fautes qui l'oppressent. Mon Dieu, ne le laissez pas mourir sans pardon ; votre pardon à vous, bon et miséricordieux Jésus, le pardon de son pauvre père qu'il a gravement trompé et offensé. Pour moi, mon bon Dieu, vous savez que je lui ai pardonné depuis bien longtemps, dès que l'offense était commise. Mais vous, mon Dieu, notre père à tous, pardonnez-lui, il se repent. »

Cette prière de ce pieux et noble cœur ne devait pas être repoussée. Dieu l'accueillit dans sa miséricorde, et Jules devait être sauvé; sa guérison devait être complète, comme on le verra, mais elle se fit attendre; le père devait expier par ses angoisses les torts de sa faiblesse. Dieu permit que la maladie de Jules fût longue et cruelle.

Quand le médecin arriva, il déclara, après un examen prolongé et intelligent, que Jules était atteint d'une fièvre cérébrale. Après avoir entendu quelques phrases qui décelaient une conscience troublée, il recommanda que le malade ne fût soigné que par les deux personnes qui préoccupaient constamment son imagination frappée, afin qu'au premier retour de raison il ne vît que ces deux personnes, et qu'il ne pût pas craindre d'avoir été entendu par d'autres. Il ordonna ensuite de fréquentes applications de sinapismes aux pieds, aux chevilles, aux mollets, aux cuisses; il ordonna des boissons rafraîchissantes, de l'air dans la chambre, diète absolue, une demie obscurité et pas de bruit.

La journée fut terrible; d'un accablement semblable à la mort, Jules passait à une agitation et à un flot de paroles accusatrices; il apprit ainsi à son malheureux père toute la noirceur de son âme. Le repentir que Jules témoignait de plus en plus adoucissait un peu le coup terrible porté à son amour

Le médecin déclara que Jean était atteint d'une fièvre cérébrale.

et à son amour-propre de père. Plus il découvrait l'iniquité de Jules, plus il aimait et admirait la charité, la bonté si chrétienne de Blaise. Dix fois par jour il le serrait contre son cœur, il l'arrosait de ses larmes, et lui redemandait pardon pour Jules et pour lui-même. Blaise baisait les mains du comte, l'encourageait, le consolait, lui parlait du bon Dieu, lui enseignait la prière du cœur, la vraie prière du chrétien. Quand il ne pouvait calmer le désespoir du comte, il se mettait à genoux près de lui et disait tout haut les prières les plus touchantes, qui finissaient toujours par diminuer l'agitation du comte et lui rendre l'espérance.

L'état de Jules était le même depuis six jours : tantôt de l'amélioration, tantôt une reprise de délire et de fièvre. Le septième jour, après un sommeil de trois heures, dont avaient profité le comte et Blaise pour s'assoupir dans leurs fauteuils, Jules s'éveilla et appela Blaise comme de coutume.

« Me voici, Monsieur Jules, dit Blaise en sautant sur ses pieds et prenant sa main.

### JULES.

Ah! Blaise, c'est toi! Je suis content! J'avais tant besoin de te voir et de te parler. Pauvre Blaise! j'ai été méchant pour toi! Comment peux-tu me pardonner?

### BLAISE.

Mon bon Monsieur Jules, de tout mon cœur, du fond de mon cœur, je vous ai pardonné depuis bien longtemps. Notre-Seigneur n'a-t-il pas pardonné à tous ceux qui l'ont offensé? Ne devons-nous pas tous faire de même? Soyez tranquille, Monsieur Jules, ne vous agitez pas; nous parlerons de cela plus tard.

JULES.

Je suis si faible; j'ai été bien malade, il me semble?

BLAISE.

Oui, mais vous êtes mieux. Buvez un peu et dormez encore. »

Jules but de l'orangeade.

« C'est bon, dit-il; et toi, Blaise, comme tu es bon de rester près de moi! J'ai été si méchant pour toi! Oh! si tu savais, comme tout cela me brûlait la tête et le cœur!

— Chut, Monsieur Jules : ne parlez pas; vous vous ferez mal. »

Le comte, heureux de ce retour de Jules à la raison, ne pouvant maîtriser sa joie, fut sur le point de se montrer et d'embrasser son enfant, qu'il avait cru perdu, quand Jules retourna la tête et dit à Blaise :

« Blaise, ne dis pas à papa que je t'ai parlé; ne le laisse pas venir; si je le vois, je mourrai de honte et de frayeur.

BLAISE.

Non, non, Monsieur Jules; je ne dirai rien, soyez bien tranquille; mais votre papa est si bon pour vous, il vous aime tant, que vous ne devez pas en avoir peur.

JULES.

Mais la honte, Blaise, la honte?

BLAISE.

Eh bien, monsieur Jules, ce sera l'expiation de votre faute : ce sera beau de tout avouer. Mais vous avez le temps d'y penser, Dieu merci : ainsi tâchez de dormir encore ; nous causerons de cela plus tard. »

Blaise fut satisfait d'avoir pu jeter dans l'âme de Jules la première pensée de l'aveu comme expiation ; il mettait entre ses mains le moyen d'apaiser sa conscience, de retrouver le calme qu'il avait perdu.

Jules reçut les paroles de Blaise avec quelque surprise mêlée de satisfaction ; il sentait vague-

« J'ai été si méchant pour toi ! »

ment qu'il pouvait tout réparer ; mais, trop faible pour réfléchir sérieusement, il se laissa aller au sommeil et dormit encore deux bonnes heures.

M. de Trénilly osait à peine remuer, tant il avait peur de troubler le repos de Jules ; il désirait dire quelques mots à Blaise, et il n'osait parler. Blaise, s'apercevant de son angoisse, se leva sans bruit, arriva jusqu'à lui sur la pointe des pieds ; quand il fut à la portée du comte, celui-ci l'attira doucement à lui, le serra vivement dans ses bras et lui dit bas à l'oreille :

« Dis-lui que je sais tout, que je lui pardonne, que je l'aime, que c'est toi qui as changé mon cœur, que tu es son frère, mon second enfant.

— Je lui dirai combien vous êtes bon, Monsieur le comte, répondit Blaise tout bas.

### LE COMTE.

Rassure-le, encourage-le, mon ami, mon bon Blaise, afin qu'il n'ait plus peur de moi. Ah ! cette pensée me tue.

### BLAISE.

J'arrangerai tout avec l'aide du bon Dieu, mon bon Monsieur le comte ; ayez confiance, vous en serez récompensé. »

Le comte ne le retint plus, et, cachant sa tête dans ses mains, il réfléchit à la piété de Blaise et aux vertus véritablement admirables de cet enfant.

« Comment a-t-il appris tout cela ? se demandait-il avec surprise. Ce pauvre enfant de portier a les sentiments élevés d'un prince, la science d'un savant, la générosité, la charité d'un saint. Quand il me parle, il m'émeut ; quand il me console, ses paroles pénètrent mon cœur de si doux sentiments que je ne sens plus mes inquiétudes ni mon malheur. Quand il me reprend, il me fait rougir comme s'il avait autorité sur moi. Pourquoi tout cela?... Pourquoi? ajouta-t-il; parce qu'il est pieux, parce qu'il a suivi avec fruit les instructions du catéchisme, parce qu'il va faire sa première communion, parce qu'il est un saint enfant de Dieu.... Et mon Jules, mon pauvre Jules, qu'est-il auprès de cet enfant? Un malheureux pécheur, un misérable comme moi. Ah! que le bon Dieu me rende mon enfant, et je me confesserai avec lui et je recevrai le bon Dieu près de lui, et je m'améliorerai avec lui, et notre maître à tous deux sera ce pauvre enfant calomnié, outragé, maltraité par nous.... J'aime cet enfant; je l'aime à l'égal du mien, je le respecte, je l'admire; il sera mon modèle et mon guide. »

Blaise s'était rendormi.

Le comte regarda avec attendrissement le pauvre Blaise, qui s'était rendormi dans un fauteuil, et dont la physionomie exprimait si bien le calme d'une bonne conscience. Il se leva, se plaça près du lit de Jules, et contempla avec une pénible émotion son visage contracté et agité.

« Mon Dieu, dit-il, rendez-le semblable au pieux et sage Blaise, et pardonnez-moi de l'avoir si mal élevé. Que je sois seul puni, et que mon fils soit épargné ! »

Le comte resta longtemps près de Jules, suivant avec anxiété ses moindres mouvements, prêt à se cacher à son premier réveil. Jules dormit longtemps encore ; évidemment il était mieux. Il s'éveilla enfin, ouvrit les yeux et poussa un faible cri qui fit sauter Blaise de dessus son fauteuil. Le comte s'était retiré et caché derrière le rideau du lit.

« Blaise, Blaise, je crois que j'ai vu papa.... J'ai rêvé sans doute, ajouta-t-il en se soulevant et regardant de tous côtés.... Je croyais qu'il était là.... J'ai eu peur, bien peur.

BLAISE.

Et pourquoi avoir peur de votre papa, mon bon monsieur Jules? Croyez-vous qu'il aurait le cœur de vous gronder après vous avoir vu si malade?

JULES.

Blaise, est-ce que j'ai dit quelque chose pendant ma maladie? Dis-moi la vérité ! Qu'ai-je dit? Je me souviens que je parlais beaucoup.

BLAISE.

Ecoutez, mon cher Monsieur Jules, ne vous effrayez de rien, ne regrettez rien. Tout est pour le mieux. Pendant que vous étiez si mal, que nous

craignions de vous voir mourir, vous avez dit tout
ce que vous avez fait; vous avez tout raconté; votre
papa pleurait, vous embrassait, vous serrait dans
ses bras et priait le bon Dieu de vous sauver. Vous
voyez bien qu'il ne vous en voulait pas.

— Tout le monde sait donc ce que je suis? dit
Jules avec accablement.

**BLAISE.**

Personne, Monsieur Jules, personne que votre
papa et moi. Il n'y a que nous deux qui approchions
de vous.

**JULES.**

Et papa sait tout! Comme il doit me mépriser!

— Jules, mon enfant chéri, s'écria le comte, in-
capable de résister plus longtemps au désir de le
rassurer; Jules! je t'aime toujours; plus qu'avant
ta maladie, parce que je vois tes remords et que je
t'en estime davantage. Oh! Jules! mon cher fils! le
vrai coupable, c'est moi, qui ne t'ai jamais parlé du
bon Dieu et qui t'ai donné un si triste exemple.
Jules! pardonne-moi, mon enfant; c'est ton père
qui a besoin de pardon, parce qu'il est le vrai, le
grand coupable! »

Jules, étonné, attendri, ne pouvait parler, mais
il répondait à l'étreinte passionnée de son père en
le couvrant de larmes. Le comte eut peur en le
voyant ainsi pleurer; mais ces pleurs étaient un
baume pour l'âme malade de Jules; ces larmes le
soulageaient.

« Papa! papa! laissez-moi pleurer, dit Jules
retenant son père, qui cherchait à s'éloigner, pleu-

rer dans vos bras!... Quel bien me font ces larmes! Comme je me sens mieux! Quel soulagement, quel bonheur de n'avoir plus rien à vous cacher, de savoir que vous connaissez la vérité, toute la vérité! Pauvre Blaise!

— Oui, pauvre Blaise en effet! Mais à l'avenir nous l'aimerons tant, nous tâcherons de le rendre si heureux, qu'il ne sera plus pauvre Blaise! Je lui ai de grandes obligations, car c'est à lui que je dois le changement de mon cœur, que je dois de savoir aimer Dieu et prier. Et toi aussi, mon fils, mon cher fils, c'est lui qui le premier t'a donné des sentiments de repentir; il t'a touché par sa patience, sa charité, sa générosité, son admirable humilité.

— C'est vrai, papa! Mais vous savez donc tout? ajouta Jules en souriant.

— Tout, mon ami, tout, dit le comte, enchanté de ce sourire, le premier qu'il eût vu sur les lèvres de Jules depuis plusieurs semaines. Et à présent que tu es tranquille sur mes sentiments à ton égard, tâche de te reposer, tu es faible, bien faible encore.

— Papa, j'ai faim. Quand j'aurai pris quelque chose, je reposerai mieux.

— Tu as faim? tant mieux, mon enfant. Blaise, mon ami, va lui chercher une petite tasse de bouillon de poule. »

Blaise ne fit qu'un saut du lit de Jules à la porte; il courut annoncer la bonne nouvelle de la convalescence de Jules, et demanda un bouillon, qu'on fit chauffer avec empressement.

Pendant son absence, Jules prit la main de son père, la baisa à plusieurs reprises, le regarda fixement et dit avec hésitation :

« Papa,... papa, Blaise est mon frère.

— Et mon second fils, mon cher Jules ; je suis heureux de te voir devancer ma pensée. »

Blaise rentra avec la tasse de bouillon, que Jules but avec avidité. A partir de ce moment la convalescence s'établit et marcha rapidement. M. de Trénilly continua à veiller près de Jules, mais il ne voulut pas souffrir que Blaise continuât de nuit le rôle de garde-malade. Il le renvoya coucher ce même soir chez son père. Blaise avait réellement besoin de repos ; il avait à peine sommeillé pendant les sept jours du danger de Jules ; la nuit comme le jour, il était avec le comte, toujours au chevet du lit. Le comte avait voulu plusieurs fois l'envoyer passer au moins une nuit chez ses parents, mais Blaise avait toujours refusé ; il se bornait à y courir matin et soir pour donner des nouvelles de Jules, pour se débarbouiller et changer de vêtements.

— Blaise raconta à ses parents tout ce qui s'était passé ce jour-là ; il s'étendit avec bonheur dans son lit, après avoir remercié le bon Dieu de ses bienfaits ; il ne tarda pas à s'endormir et ne se réveilla que le lendemain au grand jour.

# XIV

## LES DOMESTIQUES

Les parents de Blaise avaient déjà achevé de déjeuner quand il entra dans la cuisine, un peu honteux de sa longue nuit; mais son père le rassura en lui disant que ce sommeil avait été nécessaire pour le reposer de tant de jours et de nuits passés dans l'inquiétude et les veilles. Blaise se dépêcha de déjeuner et courut au château pour reprendre son poste près de Jules. La nuit avait été excellente, et le sommeil de Jules n'avait été interrompu que deux fois, par le besoin de prendre de la nourriture; il avait bu du bouillon; le médecin, qui sortait d'auprès de lui, avait permis des soupes, et Jules était en train d'en manger une quand Blaise entra. M. de Trénilly alla à lui et l'embrassa avec tendresse, à la grande surprise du domestique qui avait apporté la soupe. Jules lui tendit la main en souriant, ce qui augmenta l'étonnement du domestique.

« Eh bien, mes amis, dit-il à ses camarades en rentrant à l'office, voilà du nouveau! Si je ne l'avais pas vu, je ne le croirais pas! M. le comte qui embrasse le petit Anfry, et M. Jules qui lui tend la main et qui lui sourit!

— Tiens, tiens, tiens! du nouveau, en effet! Comment, M. le comte, qui est si fier qu'il ne vous regarde seulement pas, et qu'il semble se croire au-dessus de tout le monde, touche et embrasse le petit Anfry! Du nouveau, comme tu dis, Adrien.

— Vont-ils être fiers, ces Anfry! reprit Adrien. Et le petit, va-t-il devenir insolent!

— C'est qu'il faudra le saluer bien bas à son passage!

— Et le servir comme un maître! comme M. Jules!

— Eh bien, dit le premier valet de chambre, je ne suis pas là-dessus, moi, du même avis que vous : je ne crois pas que le petit change sa manière pour cela. Il est bon et honnête, cet enfant.

— Honnête et bon! laisse donc! Tu as déjà oublié toutes ses histoires de l'année dernière.

— Ma foi, mes amis, pour vous dire la vérité, eh bien, entre nous, je n'ai jamais beaucoup cru à ces histoires. Nous connaissons bien M. Jules et de quoi il est capable.

— Il est certain qu'il est mauvais et méchant, que c'en est répugnant.

— Et M. le comte! Il n'est pas déjà si bon non plus. Est-il orgueilleux!

— Et sévère! et dur! et désagréable! et exigeant!

— Et voilà ce qui m'étonne dans ce que nous raconte Adrien! Comment aurait-il embrassé le petit du concierge?

— Comment et pourquoi, nous n'en savons rien, mais ce qui est certain, c'est qu'il l'a fait. Attention à nous et soyons polis et même aimables pour ce nouveau favori.

— Oh! d'abord, moi, je ne lui ai jamais rien fait, à ce gamin.

— Toi, allons donc! c'est toi qui l'as barbouillé de cirage le jour du cerf-volant.

— Tiens, et toi, tu lui as versé de l'eau sale plein la tête.

— C'est bon, c'est bon; ne parlons plus de cela, mes amis, et soyons prudents à l'avenir. De la politesse, des égards.

— D'abord, moi je lui donnerai du café tant qu'il en voudra.

— Et moi des liqueurs!

— Et moi des sucreries!

— Et moi donc qui suis le chef, je lui donnerai à emporter chaque jour *les restes* du dîner. On sait bien ce que sont *les restes* d'une cuisine pour les amis; de quoi nourrir toute la famille et largement.

— Ha! ha! ha! Oui, ils sont drôles vos restes. L'autre jour un gigot entier à la petite Lucie, la repasseuse. Hier un gâteau pas seulement entamé à la bouchère. Ce matin, une livre de beurre à la voisine.

— Tu n'as pas besoin de crier si haut, dit le chef avec humeur. Tu as bien porté, l'autre jour, un panier de vin au village!

— Tiens, je crois bien, c'était pour faire honneur au repas que donnait l'épicier. »

La sonnette qui se fit entendre mit fin à cette conversation intime; un des domestiques se précipita pour répondre à l'appel.

« Monsieur le comte a sonné? dit-il en ouvrant avec précaution la porte de Jules.

— Oui, apportez-moi à déjeuner pour deux! Blaise déjeune avec moi.

— Oui, Monsieur le comte; tout de suite. »

Cinq minutes après, le domestique apportait une petite table avec deux couverts, une volaille froide, du jambon, du beurre frais et des fruits.

**LE COMTE.**

Allons, Blaise, mettons-nous à table, c'est la première fois que je mangerai avec appétit depuis la maladie de mon pauvre Jules.

**BLAISE.**

Monsieur le comte est bien bon : je viens de déjeuner, je n'ai pas faim.

**LE COMTE.**

Qu'as-tu mangé à ton déjeuner?

**BLAISE.**

Du pain et du fromage, Monsieur le comte, comme d'habitude.

**LE COMTE.**

Mais, mon pauvre enfant, ce n'est pas un déjeuner cela, après toutes les fatigues que tu as eues, toutes les nuits que tu as passées?

— Oh! Monsieur le comte, je me suis bien reposé cette nuit; il n'y paraît plus.

— Vous pouvez vous en aller, dit le comte

Un gigot tout entier à la petite Lucie. (Page 205.)

au domestique; si j'ai besoin de vous, je sonnerai.

— Tu ne veux donc rien accepter de moi, Blaise, de moi qui ai tant accepté et reçu de toi, continua le comte. Prends garde que ce ne soit encore de l'orgueil, ajouta-t-il en souriant et en passant amicalement la main sur la tête et sur la joue de Blaise.

— Non, Monsieur le comte, vrai, ce n'est pas de l'orgueil ; je recevrais de vous plus volontiers que de tout autre ; cela me ferait même plaisir de vous donner cette satisfaction. Car, ajouta-t-il d'un air pensif, je sais que votre cœur déborde de reconnaissance pour les soins que j'ai donnés à M. Jules, et que vous ne savez que faire pour me le témoigner.... Attendez,... attendez,... je vais vous contenter. Habillez-moi de neuf pour la première communion, dans un mois. Cela me fera un grand plaisir et à papa aussi, car c'est cher pour des gens comme nous.... Voulez-vous ? voulez-vous ? reprit-il avec vivacité. Quant à la volaille, vraiment je n'ai pas faim.

— Bon et brave garçon, dit M. de Trénilly attendri ; oui, tu as bien deviné avec ton excellent cœur le besoin que j'éprouve de t'exprimer ma reconnaissance ; je te remercie de me dire si franchement ce qui te ferait plaisir. Je te ferai faire un habillement complet pareil à celui de Jules.

**BLAISE**

Oh non ! non, Monsieur le comte, pas pareil, pas si beau ! ce ne serait pas bien, voyez-vous. Le serviteur ne doit pas se vêtir comme le maître ; je serais moi-même mal à l'aise. Non, laissez-moi faire ; laissez-moi commander mes habits comme

C'était pour faire honneur au repas que donnait l'épicier. Page 206.

si papa devait payer, et puis c'est vous qui payerez tout. Est-ce convenu?

LE COMTE.

Oui, mon ami, oui; ce sera comme tu voudras. Ce que tu dis est sage.

BLAISE.

Merci, Monsieur le comte; maintenant, encore une chose;… mais… ne vous fâchez pas si j'en demande trop…. Dites seulement : non, Blaise, tu es trop ambitieux.

LE COMTE.

Qu'est-ce donc que tu veux me demander? Voyons,… parle donc! Dis, mon enfant, dis.

Blaise embrassa le comte.

BLAISE.

Monsieur le comte,… Monsieur le comte,… permettez-moi de vous embrasser non pas du bout des lèvres, mais là… comme je l'entends,... comme j'embrasse quand j'aime....

— Viens, mon cher enfant, viens », dit le comte en ouvrant les bras pour recevoir Blaise, qui s'y jeta avec transport et qui embrassa le comte à plusieurs reprises.

Jules avait regardé et écouté avec attendrissement, il voulut à son tour embrasser Blaise comme un frère, un ami.

« Papa, dit-il, comment faire pour que Blaise ne nous quitte jamais?

— C'est de le garder avec nous, d'en faire mon second fils, ton camarade d'études et de jeux.

— C'est impossible, cela, dit Blaise avec résolution, impossible. J'ai un père moi aussi, et une mère; je suis leur seul enfant; je dois rester près d'eux, et je serais malheureux loin d'eux, comme ils le seraient loin de moi. Je serais séparé d'eux non seulement de fait, mais d'habitudes, d'éducation, de vêtements et de manières. Je ne serais plus comme leur fils. Non, Monsieur le comte, je vous aime, je vous respecte, je voudrais passer ma vie à vous servir et à vous témoigner mon affection et mon respect : mais quitter mes parents, vous suivre à Paris, jamais! »

Le comte considérait avec émotion la belle figure de Blaise animée par les sentiments qu'il exprimait avec énergie et noblesse.

« Cet enfant est au-dessus de son âge, pensa-t-il; mais il a raison, toujours raison; et ce qui me surprend, c'est que je ne m'en sente pas humilié.

« Blaise a raison, mon Jules, dit-il enfin, ce

qu'il dit est juste et sage. Il faudra trouver autre chose ; et nous ne ferons rien sans te consulter, Blaise. C'est toi qui nous guideras, comme tu as fait tout à l'heure pour tes habits. »

Le comte avait fini son déjeuner ; il sonna et fit emporter le plateau. Le domestique vit avec surprise que Blaise n'avait pas mangé.

« Voyez donc, mes amis, dit-il en rentrant à l'office : une nouvelle merveille! M. Blaise a refusé l'invitation de M. le comte, il n'a pas déjeuné ; voici son couvert, et le verre, et le pain qui n'ont pas été touchés.

— Qu'est-ce qu'il y a donc? Ce garçon de concierge, ce mangeur de pain et de fromage, refuse de la volaille, du vin, des gâteaux ! On ne pourra donc pas le prendre par la bouche. Je me souviens bien qu'il m'a refusé il y a quelque temps un verre de bon vin de Frontignan et des biscuits. Il n'avait jamais rien pris d'aussi bon, bien sûr. Et à propos de ce vin, comment s'en est-il tiré avec M. le comte? nous ne l'avons jamais su.

— Mais c'est à partir de ce jour qu'il a été si bien avec M. le comte, qu'on lui a permis d'aider à soigner M. Jules, et qu'il s'est introduit dans le château pour n'en plus sortir.

— Ah oui! un garçon comme cela, quand il s'est implanté près d'un homme riche et grand seigneur comme M. le comte, c'est fini ; ça n'en bouge plus.... Est-ce croyable? M. le comte qui l'embrasse, qui l'invite à déjeuner !

— Et c'est que M. Blaise le laisse faire! Il s'est

laissé embrasser! on aurait dit qu'il voulait rendre à M. le comte son gros baiser! Pour un rien, il lui aurait sauté au cou.

— La morale de tout cela, c'est que M. le comte l'a pris en gré, que M. Jules en a fait autant, qu'il va être le maître à la maison et que nous n'avons qu'à bien nous tenir et à tâcher de nous en faire un ami. Nous aurons par lui tout ce que nous voudrons, sans avoir l'air d'y toucher.

— Bah! bah! ça ne va pas durer longtemps; tout ça n'est pas franc du collier; l'année dernière il fait cinquante infamies, et cette année le voilà un sage! un saint! Nous allons voir d'ici à peu quelque tour de M. Blaise, et il se fera chasser; ainsi soyons sur nos gardes; ne nous découvrons pas trop. »

Comme ils allaient se séparer pour retourner à leur ouvrage, Blaise parut à la porte et dit que M. Jules demandait qu'on allât au village chercher un demi-cent de jolies billes pour s'amuser.

« Tout de suite, mon petit Blaise; j'y vais, dit un des gens. J'en apporterai un cent.

— Non, non; un demi-cent, m'a dit M. Jules.

— Un demi-cent pour lui, un demi-cent pour toi, mon petit Blaise.

— Pas pour moi, Monsieur; je n'en veux pas; je n'aurais pas de quoi les payer.

— Est-ce qu'on te demande de les payer, farceur! répondit le domestique. On les portera sur le compte de M. Jules.

— Mais non, ce ne serait pas honnête; M. Jules me gronderait, et il aurait raison.

— M. Jules ne le saura pas, nigaud.

— Il faut bien qu'il le sache, puisqu'elles seront sur son compte.

— Est-il innocent, celui-là? On ne les portera pas sur le compte de M. Jules; si le cent a coûté trois francs, on mettra : demi-cent de billes, trois francs. Voilà comme les tiennes seront payées par les siennes.

— Ce que vous voulez me faire faire, Monsieur, est tout simplement un vol. Je ne prêterai jamais les mains à une friponnerie, quelque petite qu'elle soit. Le bon Dieu me retirerait sa protection; c'est alors que je serais malheureux et méprisable.

— Voyez-vous ce bel excès de vertu qui prend à monsieur Blaise! Tu as oublié tes friponneries de l'année dernière.

— Je n'ai pas commis de friponneries, répondit Blaise avec calme et dignité. Le bon Dieu m'a toujours protégé contre le mal.

— Tiens, va-t'en avec ta morale, tu nous ennuies à la fin. Ce que je te disais était pour rire; tu l'as pris au sérieux comme un nigaud.

— Tant mieux pour vous, Monsieur », dit Blaise en se retirant.

« Il n'y a rien à faire de ce garçon-là, dirent les domestiques au bout de quelques instants. Il ne faut plus rien lui offrir. Attendons qu'il demande. Nous nous compromettrions. »

# XV

## L'AVEU PUBLIC

La convalescence de Jules marcha rapidement ; il avait repris une gaieté qui l'avait abandonné depuis longtemps ; souvent il causait avec son père de sa vie passée, du mal qu'il avait fait au pauvre Blaise, de ses tyrannies envers sa sœur toujours bonne et douce. Il ne trouvait pas avoir suffisamment réparé ses torts envers Blaise ; il semblait méditer un projet qu'il ne voulait découvrir à personne.

« Papa, disait-il, j'attends le retour de maman et d'Hélène pour achever ma réparation à Blaise : ce sera une bonne manière de me préparer à la première communion que nous devons faire ensemble.

LE COMTE.

Que veux-tu donc faire de mieux que ce que tu fais maintenant, mon pauvre Jules ? Blaise semble être parfaitement heureux.

#### JULES.

Papa, Blaise se contentera toujours de peu; mais il m'a beaucoup parlé, depuis ma maladie, de ses devoirs envers Dieu, envers les hommes et envers lui-même; il m'a expliqué sur les motifs de sa conduite des choses que je n'aurais jamais sues sans lui; M. le curé, qui vient tous les jours, me dit aussi de bonnes choses; vous verrez, papa, que ce que je veux faire sera bon et vous fera plaisir. Car, vous aussi, cher papa, vous êtes tout changé. Depuis que vous couchez dans ma chambre, je vois bien comme vous priez et comme vous pleurez en priant; j'ai bien vu que vous causiez avec le curé : c'est tout cela qui fait du bien, papa; votre exemple m'encourage, me donne de bonnes pensées que je n'avais jamais eues auparavant.... C'est singulier.

#### LE COMTE.

Non, mon ami, c'est très naturel. Comme je te l'ai dit le jour où je me suis montré pour la première fois près de ton lit de mourant, c'est moi qui étais coupable de tes fautes; c'est moi qui devais les payer. Le bon Dieu s'est servi du pauvre Blaise pour m'éclairer; ta maladie, en amollissant mon cœur, m'a permis de comprendre mes torts immenses envers ta pauvre âme, que je perdais par ma faiblesse et par mon irréligion. Dieu m'a touché par l'intermédiaire de Blaise, et tu as fait comme ton père, que tu aimes et que tu rends bien heureux par ton changement. »

Le père et le fils s'embrassèrent avec tendresse;

Blaise arriva peu de temps après; il continuait à passer tout son après-midi avec Jules et le comte.

Les forces de Jules revenaient sensiblement, il commençait à faire d'assez longues promenades dans la campagne; on s'étonnait au village de voir que Blaise l'accompagnait toujours et était traité amicalement par le comte.

Mme de Trénilly était attendue très prochaine-

ment avec Hélène; ni l'une ni l'autre n'avaient su ni la gravité de la maladie de Jules, ni le retour de Blaise dans le château, ni le changement du comte et de Jules. Hélène avait renouvelé sa première communion avec une grande piété et avait ardemment prié pour la conversion de son père et de Jules. On s'apprêtait au château à les recevoir avec une affection inaccoutumée. Le jour de l'arrivée étant fixé, Jules demanda à son père de rassembler toute la maison dans le salon, le soir de l'arrivée de la comtesse et d'Hélène; son père lui avait vainement demandé quelle était son intention en convoquant ainsi tous les gens, y compris Anfry, sa femme et Blaise.

« Vous verrez, papa, vous verrez. C'est pour la réception de maman et d'Hélène; vous serez tous contents, j'en suis sûr. »

Le jour arriva. Jules avait prié Blaise de ne venir qu'à la convocation générale.

« Ne t'effraye pas, lui dit-il, si j'ai l'air de te négliger et de ne pas t'aimer comme jadis. Cela ne durera pas, je te le promets : seulement les premières heures de l'arrivée de maman et d'Hélène. Après tu seras avec moi le plus possible, comme depuis ma maladie.

BLAISE.

Je ne suis pas inquiet, Monsieur Jules; j'ai confiance en vous, ce n'est plus comme avant. Je répondrais de vous comme de moi-même.

JULES.

Hélène sera étonnée et contente de notre amitié.

BLAISE.

Elle est bonne, Mlle Hélène! Que de fois elle m'a consolé quand elle me voyait pleurer!

JULES.

Pauvre Blaise, tu pleurais donc?

BLAISE.

Bien souvent, Monsieur Jules, bien souvent. Pensez donc que je passais aux yeux de tous pour un vaurien, un menteur, un voleur.

— Pauvre Blaise! répéta Jules. C'est moi seul

qui étais cause de tout le mal. Mais je te vengerai, sois tranquille! J'y suis plus décidé que jamais.

**BLAISE.**

Ah! mon Dieu! Monsieur Jules! Contre qui donc me vengerez-vous? Je n'ai pas besoin de vengeance, moi! Ne suis-je pas bien heureux maintenant, entre vous et l'excellent M. le comte? Cela me paraît drôle de penser que j'avais si peur de lui. A présent, si je ne craignais de l'ennuyer, je l'embrasserais dix fois par jour! et quand il m'appelle et qu'il m'embrasse, je le serre à l'étouffer.

**JULES.**

Mon bon Blaise, comme je t'aime!

**BLAISE.**

Et moi aussi, Monsieur Jules, je vous aime; et je vous aime bien, car je vous aime en Dieu. Je vous aime comme l'enfant, l'ami du bon Dieu. comme mon frère en Dieu.

**JULES.**

En Dieu et sur la terre, mon cher Blaise! Vois-tu, quand nous aurons fait notre première communion ensemble, rien ne pourra plus nous séparer.

**BLAISE.**

Quand même nous serions séparés sur la terre, Monsieur Jules, nous serons réunis en Dieu et nous nous retrouverons dans le ciel. »

Jules prit la main de Blaise, qu'il serra, et ils rentrèrent ainsi au château; là Jules dit adieu à son ami, qui attendit avec impatience la convocation du soir pour savoir ce que ferait Jules.

L'heure approchait ; M. de Trénilly et Jules attendaient, en se promenant devant le château, l'arrivée de Mme de Trénilly et d'Hélène. La voiture parut enfin dans l'avenue et s'arrêta devant le perron. Hélène sauta à terre avec la légèreté de son âge, pendant que sa mère descendait plus posément. M. de Trénilly reçut sa fille dans ses bras et l'embrassa avec une effusion qui surprit agréablement Hélène, peu habituée aux témoignages d'affection de son père ; elle le regarda avec étonnement ; M. de Trénilly s'en aperçut et l'embrassa encore en souriant.

« Je suis heureux de te revoir, mon enfant, après la sainte cérémonie à laquelle je n'ai pu malheureusement assister. »

La surprise d'Hélène redoubla, mais elle s'efforça de n'en rien témoigner ; elle alla ensuite embrasser Jules, qui avait déjà dit bonjour à sa mère. Ce fut bien un autre étonnement quand elle vit Jules se jeter à son cou et l'embrasser à plusieurs reprises en disant des paroles affectueuses.

« Ma bonne Hélène ! ma chère sœur ! ton retour manquait à ma joie. Je suis si content de te revoir ! Je t'aime bien, à présent que je sais mieux t'apprécier.

HÉLÈNE.

Comme tu es changé, mon pauvre Jules ! Tu as donc été plus malade que nous ne le pensions ?

JULES.

Oui, j'ai été bien malade, Hélène ! bien malade du corps et de l'âme. Mais je suis guéri maintenant, grâce à Dieu... et à Blaise », ajouta-t-il en lui-même.

Hélène dit bonjour aux domestiques rassemblés; ses yeux semblaient chercher quelqu'un; elle se hasarda à demander timidement :

« Où est Blaise? J'ai beau regarder de tous côtés, je ne le vois pas parmi les gens de la maison.

JULES.

Tu le verras ce soir; il doit venir après dîner.

HÉLÈNE.

Ah! il vient donc au château, maintenant?

— Oui, quelquefois », dit Jules en souriant.

Ce sourire attira l'attention d'Hélène; ce n'était pas le sourire moqueur et méchant d'autrefois, mais un sourire doux et bon qu'elle n'avait jamais vu à son frère. Elle remarqua alors combien Jules était embelli et le changement qu'avait subi toute sa personne et surtout sa physionomie.

« Qu'as-tu donc aujourd'hui? Je ne t'ai jamais vu ainsi. Tu as l'air tout autre.

— La maladie change, répondit Jules avec gravité.

— Et puis,... et puis... tu vas bientôt faire ta première communion, dit Hélène avec hésitation.

JULES.

Oui, Hélène, et tu m'aideras à la faire dignement; je compte pour cela sur toi, ma chère sœur, et aussi sur un ami que je te présenterai ce soir.

HÉLÈNE.

Un ami? Qui donc? Y a t-il de nouveaux voisins dans le pays?

JULES.

Non, rien n'est changé dans le voisinage : c'est dans mon cœur que s'est fait le changement.

HÉLÈNE.

Mon bon Jules, que je suis contente de te voir comme tu es maintenant! »

Pendant que le frère et la sœur causaient et arrangeaient la chambre d'Hélène, M. de Trénilly avait emmené sa femme et lui racontait la terrible maladie de Jules, les pénibles révélations qui en avaient été la conséquence, le changement qui s'était opéré dans l'âme de Jules et dans la sienne propre, les services immenses que leur avait rendus Blaise, la bonté, la piété admirables de cet enfant, et l'impression que ses vertus avaient produite sur le cœur de Jules et sur le sien.

Mme de Trénilly fut surprise de tout ce que lui disait son mari, sembla mécontente de n'avoir pas su le danger qu'avait couru son fils, et se montra incrédule quant aux vertus extraordinaires de Blaise.

« Le chagrin et l'inquiétude, dit-elle, ont disposé votre cœur à l'attendrissement et à la crédulité; le petit bonhomme, qui n'est pas bête, en a profité pour vous fasciner et s'impatroniser dans la maison. J'espère que tout cela va finir avec mon retour, et que chacun reprendra sa place.

LE COMTE.

Vous m'affligez beaucoup, ma chère, par cette froideur et cette injustice. Le pauvre Blaise, bien loin d'abuser et même d'user de son ascendant sur moi et sur Jules, a refusé les offres avantageuses que nous lui avons faites, et se tient dans une réserve dont peu d'hommes faits eussent été capables.

LA COMTESSE.

Tant mieux pour lui et surtout pour nous, car, sans connaître les offres que vous lui avez faites, je présume qu'elles étaient de nature à ne pas être agréées par moi.

LE COMTE.

Julie, Julie! ce que vous dites est mal! Si vous saviez combien vous me peinez profondément, combien vous blessez tous mes sentiments paternels!

LA COMTESSE.

Vos sentiments paternels vous ont toujours porté à gâter vos enfants. surtout Jules, que vous avez rendu odieux.

LE COMTE.

En ceci vous avez raison, Julie; je l'avais rendu méchant et odieux; Blaise l'a rendu bon et aimable.

LA COMTESSE.

En vérité! mais la maladie de Jules vous a fait perdre la raison; ne me débitez donc pas de semblables sornettes.

— Mon Dieu, vous me punissez! je l'ai mérité! » dit le comte avec un geste de désolation en quittant la chambre.

La comtesse sonna sa femme de chambre, s'habilla, commanda qu'on servît le dîner et entra au salon avec l'air froid et calme qui lui était habituel.

Le dîner fut silencieux et grave; l'air triste du comte troubla et inquiéta les enfants. Le repas fini, Jules demanda à son père l'exécution de sa promesse. Le comte l'embrassa et sortit après lui avoir dit à l'oreille :

« Sois prudent, mon Jules; ménage ta mère. »

Peu de minutes après, les portes s'ouvrirent, et tous les gens de la maison entrèrent à la suite du comte, qui avait Blaise à ses côtés. La comtesse et Hélène n'étaient pas revenues de leur étonnement, lorsque Jules, pâle et ému, s'approcha de Blaise, le prit par la main, l'amena au milieu du salon et dit d'une voix haute, mais tremblante d'émotion :

« Mes amis, je vous ai tous fait venir ici avec l'approbation de papa, pour réparer autant qu'il est en moi l'injustice dont je me suis rendu coupable depuis deux ans envers mon pauvre Blaise....

— Monsieur Jules, Monsieur Jules! de grâce! interrompit Blaise d'un air suppliant.

— Laisse-moi achever, Blaise! Laisse-moi, pour le repos de ma conscience, pour la satisfaction de mon cœur, dire ici devant maman, devant Hélène, devant tous, combien je les ai méchamment, indignement trompés sur ton compte ; j'ai tourné contre toi toutes tes bonnes actions; je t'ai toujours calomnié, injurié! Tu m'as toujours noblement et généreusement pardonné. Au lieu de te justifier en m'accusant, tu t'es laissé perdre de réputation dans la maison et dans le pays. Hélène est la seule qui t'ait rendu justice; elle a toujours pris parti pour toi, c'est-à-dire pour la vérité, pour la bonté, pour

Jules s'était mis à genoux en prononçant ces dernières phrases. (Page 229.)

la réunion de toutes les vertus. Je désire que dans tout le pays on sache l'aveu que m'arrache le repentir ; qu'on dise à tous que je suis aussi vil, aussi méprisable que tu es, toi, honorable et admirable. Je veux que tous sachent qu'ici, devant papa, maman, devant toutes les personnes de la maison que j'ai tant et si souvent offensées par mes exigences, mes insolences, mes méchancetés, je demande pardon à genoux de toute ma vie passée. Je veux qu'on sache que c'est à Blaise que je dois ma conversion ; sa vertu m'a touché, ses conseils ont excité mon repentir, son exemple m'a donné l'horreur de moi-même. »

Jules s'était effectivement mis à genoux en prononçant ces dernières phrases : Blaise se précipita vers lui pour le relever ; Jules se jeta dans ses bras et l'embrassa à plusieurs reprises : tous les domestiques pleuraient, et le comte, qui s'était contenu jusque-là, ne put comprimer plus longtemps son émotion ; il s'approcha de Jules et de Blaise, les prit tous deux dans ses bras :

« Mon noble Jules ! disait-il à travers ses sanglots, quel courage ! Le bon Dieu te récompensera ! cher enfant ! — Bon Blaise, c'est à toi que je dois cette douce joie ! »

Les domestiques demandèrent la permission de serrer la main de leur jeune maître. Jules courut à eux et leur prit les mains à tous avec effusion. Il était heureux, il se sentait le cœur léger.

Sa mère n'avait encore rien dit. Aux premières paroles de Jules, elle s'était sentie courroucée contre ce qu'elle trouvait être une humiliation ridicule. A mesure qu'il parlait, la noblesse de l'action de son fils, l'accent sincère de ses paroles la touchèrent, mais sans la disposer à approuver cet aveu public de ses fautes. Elle en voulait au pauvre Blaise, cause bien innocente de cette confession, et lorsqu'elle le vit dans les bras de Jules et puis du comte, le mécontentement reprit le dessus et elle resta froide et immobile, retenant Hélène, qui avait voulu se précipiter dans les bras de son frère et qui pleurait à chaudes larmes.

Les domestiques sortirent en jetant à Jules des regards d'affectueuse admiration; ils ne parlèrent pas d'autre chose toute la soirée; plusieurs d'entre eux furent assez profondément touchés pour changer complètement de vie et pour devenir d'honnêtes et fidèles serviteurs.

Quand le comte et Jules restèrent en famille avec Blaise, que Jules avait retenu, Hélène s'élança vers son frère, qu'elle embrassa avec effusion, puis se tournant vers le comte :

« Papa, me permettez-vous d'embrasser ce bon Blaise, qui a été la cause première de tout ce bien?

— Certainement, ma fille, ma chère Hélène; embrasse-le; il doit être pour toi un second frère. »

Blaise se laissa timidement embrasser par Hélène, dont il baisa la main avec tendresse.

La comtesse s'était levée avec colère, et, s'approchant d'Hélène, elle la retira violemment en disant :

« Vous oubliez, Hélène, que c'est un fils de portier que vous vous permettez d'embrasser sous mes yeux. Je n'entends pas que cette scène ridicule se prolonge plus longtemps; venez, Hélène, suivez-moi, et laissez votre père et votre frère faire

Blaise se laissa embrasser par Hélène.

leur ami et leur confident de ce garçon sans éducation. »

Le comte regardait sa femme avec douleur et pitié.

« Julie, lui dit-il, malheur à l'ingrat et à l'orgueilleux!

— Malheur aux intrigants et aux sots! » répondit-elle en quittant la chambre et entraînant Hélène.

Le comte retomba sur un fauteuil, le visage caché dans ses mains. La dureté orgueilleuse de sa femme le navrait. Il lui avait toujours reproché de la sécheresse et du manque de cœur; mais, sec et égoïste lui-même, il n'en avait jamais souffert comme en ce jour où tout était changé en lui.

Il prévoyait les luttes de tous les jours, les scènes, les reproches qui devaient à l'avenir empoisonner sa vie. Le bonheur si nouveau et si pur qu'il avait goûté entre Jules et Blaise depuis environ un mois était passé pour ne plus revenir; son fils et lui-même seraient privés de la société de Blaise, dont la piété leur était si utile, dont la gaieté, l'affection, la complaisance leur étaient si agréables.

La comtesse serait sans cesse entre eux et Blaise, ce pauvre Blaise destiné à rencontrer toujours des ingrats dans la famille du comte.

Il réfléchissait avec une peine profonde à cette situation inattendue, quand il se sentit serrer dans les bras de Jules en même temps que ses mains étaient effleurées par les lèvres de Blaise; les pauvres enfants pleuraient, car! ils prévoyaient une séparation; Blaise sentait qu'il redeviendrait *pauvre Blaise*.

JULES.

Papa, mon cher papa, que faire maintenant?

Comment et où pourrai-je passer mes après-midi avec Blaise et avec vous?

LE COMTE.

Cher enfant, il faudra céder quelque chose à

« Vous oubliez, Hélène, que c'est un fils de portier.... »

ta mère jusqu'à ce qu'elle ajoute foi à ce que nous croyons si bien, nous qui en avons profité : je veux dire aux excellentes qualités, aux vertus de

Blaise et à la reconnaissance que nous lui devons.

**BLAISE.**

Mon cher, mon bon Monsieur le comte, ne parlez pas de reconnaissance; après ce que M. Jules a fait aujourd'hui, la reconnaissance est toute de mon côté....

**JULES.**

Non, non; moi, je n'ai fait que réparer; toi, tu as pardonné et tu t'es dévoué avant la réparation.

**LE COMTE.**

Jules a raison, Blaise; nous admettons que nous soyons quittes envers toi, ce qui n'est pas et ne pourra jamais être : nous souffrirons toujours dans notre affection pour toi, d'abord en nous trouvant souvent privés de ta présence, ensuite en te sachant méconnu par celle qui devrait t'apprécier mieux que tout autre.

**BLAISE.**

Cher Monsieur le comte, le bon Dieu fait bien tout ce qu'il fait; ce qui arrive est peut-être pour notre bien à tous. Et d'abord n'est-ce pas un bonheur de souffrir en ce monde pour recevoir une plus grande récompense dans l'autre vie? Ne pouvons-nous pas continuer à nous aimer sans nous voir autant, et en nous donnant le mérite d'accepter avec résignation et douceur cette peine que le bon Dieu nous envoie? Cher Monsieur le comte, je vous aime, vous le savez, avec toute la tendresse de mon cœur; mais je me résignerais à ne plus jamais vous voir si c'était la volonté du bon Dieu! Hélas! peut-être ne vous embrasserai-je plus jamais, jamais, ni M. Jules non plus!

— Tu m'embrasseras du moins ce soir, et tant que tu voudras, mon enfant », dit le comte en le serrant contre son cœur.

Blaise usa largement de la permission; mais la soirée était avancée; il était temps de se séparer. Blaise dit un dernier adieu à Jules et au comte et se retira en sanglotant.

« Papa, dit Jules, vous continuerez à coucher dans ma chambre, que je vous aie toujours près de moi?

— Tant que tu n'auras pas repris tes forces et ta santé habituelles, je coucherai près de toi, mon cher enfant; quand tu seras tout à fait bien, je reprendrai ma chambre. Il faut s'habituer aux sacrifices, mon Jules; celui-là sera moins pénible que celui auquel nous allons être condamnés en nous privant de Blaise.

— C'en sera un de plus, papa, dit Jules tristement.

— Et ce ne sera probablement pas le dernier ni le plus grand, mon ami. Mais viens dire adieu à ta mère et à la pauvre Hélène, et allons ensuite nous coucher. N'oublions pas qu'au travers de notre tristesse nous avons bien à remercier le bon Dieu, toi d'avoir eu le courage de faire l'aveu public de tes fautes, moi d'avoir reçu cette consolation. Viens, mon Jules, sois aussi affectueux que tu le pourras pour ta mère, afin de lui faire voir que la piété ouvre le cœur au lieu de le resserrer. »

# XVI

## L'OBÉISSANCE

Jules avait été reçu sèchement par sa mère quand il alla lui dire bonsoir; pourtant elle l'embrassa en souriant.

« J'espère, lui dit-elle, que tu retrouveras le bon sens que t'a fait perdre la maladie, et que tu ne recommenceras pas le coup de théâtre dont tu m'as gratifiée ce soir. Quant à ton nouvel ami, qui n'est pas une société convenable pour toi, je te prie d'aller dès demain lui signifier que je lui défends de mettre les pieds chez moi, chez Hélène, chez toi. Si ton père veut le recevoir, je ne puis l'en empêcher; mais je ne laisserai pas ce petit paysan s'établir chez moi ni chez mes enfants.

— Je vous obéirai, maman, répondit Jules avec tristesse, mais ce que vous m'ordonnez m'est fort pénible et m'enlève une grande consolation.

LA COMTESSE.

Depuis quand as-tu besoin de consolation?

### JULES.

Depuis que j'ai senti combien j'avais été mauvais et combien j'avais offensé le bon Dieu.

### LA COMTESSE, *souriant*.

A merveille, mon ami! vous voilà maintenant devenus bien dévots, ton père et toi! On ne parle plus que pour prêcher. Mais je te prie de me faire grâce de tes sentences religieuses; je ne suis pas encore arrivée au point de vous comprendre.

— Oh! maman! s'écria involontairement Hélène.

### LA COMTESSE.

Est-ce que tu vas te mettre aussi de la partie? Tu sais que je ne supporte pas tes remontrances. Pense comme ton père et ton frère, prie avec eux si cela te fait plaisir, mais au moins que je ne le voie ni l'entende. Adieu, mes enfants, laissez-moi seule; je suis fatiguée. »

Jules et Hélène se retirèrent dans leur appartement; leurs chambres se touchaient. En entrant dans celle de Jules, ils virent le comte qui les attendait.

### LE COMTE.

Eh bien, mes enfants, votre mère est-elle revenue sur sa première impression? A-t-elle enfin compris la beauté et la noblesse de ton aveu, Jules, et pardonne-t-elle au pauvre Blaise la part qu'il a prise dans notre amélioration?

### JULES.

Je crois que non, papa; maman a parlé comme au salon; la pauvre Hélène a même été grondée pour avoir dit un : « Oh! maman! » trop expressif.

— Pauvre Hélène! dit le comte en lui passant la main sur la tête à plusieurs reprises. Pauvre Hélène, répéta-t-il d'un air triste et pensif, tu as dû souffrir tous ces temps-ci.

HÉLÈNE.

Papa, j'étais au couvent! Ces dames sont si pieuses et si bonnes! mes compagnes étaient si bonnes aussi! J'étais heureuse là-bas.

LE COMTE.

Et ici?

HÉLÈNE.

Ici?... je ne sais pas encore, papa; cela dépendra de vous et de Jules.

LE COMTE.

Ma pauvre enfant, tout ce que je pourrai faire pour ton bonheur sera fait; tu dois voir le changement qui s'est opéré en moi. Ma vieille humeur, mon ancienne sévérité, ma constante froideur ont disparu. Tu n'auras plus peur de moi, je pense?

— Oh non! non, papa, dit Hélène en se jetant dans ses bras; je vous aimerai de tout mon cœur et je vous le dirai sans crainte.

JULES.

Ce sera tout comme Blaise, qui embrasse papa à présent comme s'il était son vrai père.

— Blaise embrasse papa? dit Hélène en riant. Oh! que c'est drôle! Je voudrais voir cela.

LE COMTE.

Tu le verras demain, si tu veux venir avec nous chez Anfry.

### HÉLÈNE.

Mais quel changement, mon Dieu! Jamais je n'aurais cru possible que Blaise osât embrasser papa!

### JULES.

Tu le comprendras, Hélène, quand je t'aurai raconté ce que nous devons à Blaise et quelles sont ses admirables vertus; pour moi il a été un véritable ami.

### LE COMTE.

A demain le reste de la conversation, mes chers enfants. Tu dois être fatiguée du voyage, mon Hélène, et toi, mon ami, de toute ta soirée.

### JULES.

Oui, papa, je me sens fatigué; je ne serai pas fâché de me coucher.

### HÉLÈNE.

Et moi aussi, je retrouverai mon lit avec plaisir. Bonsoir, mon cher papa, bonne nuit et à demain.

### LE COMTE.

A demain, ma fille! que le bon Dieu te bénisse! Adieu, Jules; adieu, Hélène. »

Puis on se dit bonsoir et l'on se sépara.

Quand Jules fut seul avec son père, il alla à lui, l'enlaça tendrement dans ses bras et lui dit :

« Papa, prions ensemble pour maman; demandons au bon Dieu qu'il la change comme il nous a changés.... Je puis bien vous dire cela, papa, n'est-il pas vrai? Avec vous je pense tout haut, et je ne puis m'empêcher de trouver que c'est un grand malheur pour maman que d'être comme elle a été ce soir. »

Le comte ne répondit pas, mais les larmes qui roulèrent dans ses yeux firent voir à Jules que son père pensait comme lui.

« Prions », dit seulement le comte; et il se mit à genoux près de son fils.

Pendant qu'ils priaient tous deux, la comtesse, un peu inquiète de ne pas avoir vu son mari depuis le mécontentement qu'il lui avait témoigné, et l'ayant inutilement cherché dans sa chambre et dans celle d'Hélène, entra chez Jules et resta immobile à la vue de son mari à genoux près de son fils; aucun des deux ne l'entendit entrer. La comtesse resta quelques minutes incertaine de ce qu'elle ferait; après quelque hésitation, elle referma doucement la porte et se retira toute pensive dans sa chambre.

« Ils sont fous, se dit-elle; cette maladie de Jules a positivement altéré leur raison.... Je ferai venir mon médecin un de ces jours et je les ferai soigner.... Hélène aussi tourne à la bizarrerie. Ne me parlait-elle pas l'autre jour du bonheur de la vie religieuse? Ils vont achever de lui faire perdre l'esprit.... Si je pouvais les empêcher de la voir, mais c'est impossible!... Un père et un frère!.... Il y aurait bien un moyen!... Ce serait de l'emmener faire un voyage en Suisse.... Oui.... Mais il faut attendre la première communion de Jules; je ne puis m'en aller avant. »

Et la comtesse se coucha avec la résolution de

prendre patience, de laisser faire jusqu'après la première communion, et ensuite d'enlever Hélène à cette influence qu'elle croyait fâcheuse.

Le comte emmena le lendemain ses enfants pour voir Blaise. Ils entrèrent chez Anfry.

« C'est singulier que Blaise ne nous ait pas vus arriver, dit le comte. Il aurait dû penser que nous viendrions chez lui, puisqu'il ne peut pas venir chez nous. »

Mais Blaise n'y était pas. Le comte appela Anfry, qui travaillait au jardin.

LE COMTE.

Où est Blaise? Serait-il déjà sorti?

ANFRY.

Il y a longtemps, monsieur le comte.

LE COMTE.

Où est-il allé?

ANFRY.

A l'église, monsieur le comte. Il a passé une triste nuit, et il a été chercher sa consolation près du bon Dieu; c'est assez son habitude, vous savez.

LE COMTE.

Allons le rejoindre, mes enfants; nous aussi, nous avons besoin de force et de consolations. »

Le comte salua Anfry et se dirigea vers l'église, qui se trouvait près de là. Ils y entrèrent sans bruit, s'agenouillèrent dans un banc et aperçurent Blaise à genoux sur la dalle, la tête dans les mains et paraissant ne rien voir ni entendre. Ils attendirent longtemps un mouvement qui indiquât qu'il avait terminé sa fervente prière, mais Blaise ne bougeait pas; il ne calculait pas le temps quand il priait. Enfin, il laissa retomber ses mains, releva lentement la tête et dit à mi-voix : « Oui,

Le comte se dirigea vers l'église.

mon Dieu, mon bon Jésus, mon cher Sauveur, j'obéirai; je ferai le sacrifice, je ne chercherai plus à les voir qu'à de rares intervalles; je mettrai dans mes paroles, dans mes actions, la réserve d'un serviteur vis-à-vis de ses maîtres. Mon Dieu, protégez-les, ces maîtres si chers! Mon cher M. le comte, mon bon M. Jules! continuez, mon Dieu, à les éclairer, à les diriger vers le bien. Et cette bonne Mlle Hélène! qu'elle me remplace près d'eux! Mon Dieu, changez le cœur de Mme la comtesse; encore une âme à sauver, mon bon Jésus! cela vous est facile! Faites qu'elle vous aime, et tout sera bien. »

Blaise se prosterna à terre, se releva, essuya ses yeux bouffis de larmes, fit un grand signe de croix, et, se retournant pour s'en aller, il aperçut le comte et ses enfants. Son visage s'éclaira; il fut sur le point de courir à eux, mais le respect pour la maison de Dieu contint ce premier mouvement. Le comte s'était levé en même temps; il se dirigea vers la porte, suivi de ses enfants et de Blaise. Ce ne fut qu'après être sorti de l'église que Blaise, poussant un cri de joie, se jeta dans les bras que lui tendait le comte, à la grande satisfaction d'Hélène, qui les regardait en riant.

HÉLÈNE.

Tu n'as donc plus peur de papa, Blaise?

BLAISE.

Peur? Vous voyez si j'en ai peur, Mademoiselle Hélène. Peur? Peut-on avoir peur de ceux qu'on aime tant?

— Je te remercie de ta prière, mon cher enfant, lui dit le comte en lui serrant les mains.

— Vous m'avez entendu! dit Blaise en rougissant. J'ai donc parlé tout haut?

LE COMTE.

Pas tout à fait haut, mais assez pour que nous t'ayons entendu.

BLAISE.

Monsieur le comte, je viens de promettre au bon Dieu de ne rien faire de ce qui pourrait déplaire à Mme la comtesse; non seulement je ne chercherai pas à voir souvent M. Jules et Mlle Hélène, mais encore je les éviterai, je les fuirai, s'il le faut....

JULES.

Nous fuir? Ah! Blaise, tu ne m'aimes donc pas?

BLAISE.

Si vous saviez ce qu'il m'en coûte, cher monsieur Ju-

Ils aperçurent Blaise à genoux.

les! De grâce, je vous le demande avec instance, n'ébranlez pas ma résolution; aidez-moi, au contraire, à la tenir. Mais voici la pensée que m'a suggérée le bon Dieu, ou tout au moins mon bon ange. Monsieur le comte n'est pas obligé d'obéir à Mme la comtesse, lui qui commande, qui est le maître. Alors, Monsieur le comte, vous viendrez me voir, et vous amènerez quelquefois M. Jules et Mlle Hélène, n'est-ce pas? Pardonnez-moi si j'en demande trop; c'est que je ne vous cache pas mes pensées, et il me semble que celle-ci n'est pas coupable ni pour moi, ni pour M. Jules, ni pour Mlle Hélène.

— Ni pour moi, dit le comte en riant. Oui, mon ami, ta pensée est bonne, et je la mettrai à exécution; je viendrai te voir souvent, très souvent, et j'amènerai parfois mes prisonniers, à moins qu'ils ne m'échappent en route.

### JULES
Oh! moi, je m'échapperai bien sûr, mais ce sera pour courir au-devant de Blaise.

### LE COMTE.
Quand nous viendrons te voir, ce sera toujours de midi à deux ou trois heures.

### BLAISE.
C'est au mieux, tous les jours je vous attendrai; quand je ne vous aurai pas vus, je vous espérerai pour le lendemain.

### LE COMTE.
Et je crois que tu ne seras pas souvent trompé dans ton attente, mon ami. »

## XVII

### LA CORRESPONDANCE

« Une lettre pour M. Blaise », dit un jour le facteur en présentant à Anfry une lettre sous enveloppe, avec un beau cachet.

Anfry prit la lettre et la remit à Blaise, qui s'empressa de la décacheter, tout surpris d'en recevoir une.

« C'est de M. Jacques, s'écria-t-il en regardant la signature.

— Ah! voyons donc! Que te dit-il? »

Blaise lut tout haut :

« Mon cher Blaise, il y a si longtemps que nous nous sommes quittés que tu m'as peut-être oublié; mais moi, je pense souvent à toi et je t'aime toujours. Quand je suis parti, j'écrivais si mal et si lentement que je ne pouvais pas t'envoyer de lettres; à présent, j'ai neuf ans, je travaille beaucoup et je commence à devenir savant. Il est arrivé une chose très drôle chez un monsieur qui demeure près de chez nous : sa maison a brûlé (ce n'est pas cela qui est drôle, comme tu penses); après l'incendie, toutes les souris sont devenues blanches; il y en avait beaucoup, et il y en a encore une quantité; avant, elles étaient grises, comme toutes les souris. Papa ne voulait pas le croire; alors M. Roussel a attrapé des souris avec un petit chien qui est très habile pour cela, et papa et moi nous avons vu que toutes les souris attrapées étaient réellement blanches. — Je m'amuse assez, mais pas tant qu'avec toi; je n'ai pas un seul camarade bon comme toi; ce qui est singulier et très désagréable, c'est qu'ils sont tous un peu menteurs; quand ils ont fait une sottise, ils ne veulent jamais l'avouer, et ils disent : Ce n'est pas moi. Moi je continue à toujours dire la vérité, comme tu me l'as conseillé, et tout le monde me croit. Écris-moi quand tu dois faire ta première communion, et quel jour ce sera, pour que je pense à toi et que je prie pour toi ce jour-là. Dis-moi aussi ce que tu fais, si tu es heureux, si les enfants du monsieur qui a acheté notre château sont bons pour toi, s'ils t'aiment. On a dit à papa l'autre jour que le monsieur lui-même était méchant; cela m'a fait peur pour toi, mon pauvre Blaise, toi qui es si bon. Ne va pas chez lui s'il est méchant; il te ferait du mal. — Raconte-moi ce que tu fais, et pense souvent à moi, comme je pense souvent à toi. Adieu, mon cher Blaise, je t'embrasse de tout mon cœur; embrasse pour moi ton papa et ta maman.

« Ton ami, Jacques de Berne. »

« Quelle bonne lettre ! s'écria Blaise. Il ne m'oublie pas, ce pauvre M. Jacques ! S'il m'avait interrogé l'année dernière sur ce qu'il me demande aujourd'hui pour M. le comte et ses enfants, j'aurais été bien embarrassé de répondre; mais aujourd'hui... c'est différent !... Il y a une chose, dans la lettre de M. Jacques, qui me paraît drôle, comme il le dit lui-même, ajouta Blaise en riant, c'est qu'un incendie ait pu changer la couleur des souris.

ANFRY.

C'est pourtant très possible, car j'ai entendu raconter bien des fois à ton grand-père, qui a été soldat sous l'empereur Napoléon I$^{er}$, que, lors de l'incendie de Moscou, en 1812, quand on est rentré dans les maisons que le feu n'avait pas atteintes, toutes les souris qui couraient au travers étaient blanches comme des lapins blancs.

BLAISE.

C'est singulier que la frayeur puisse produire un pareil effet sur des animaux !

ANFRY.

Vas-tu répondre à M. Jacques ?

BLAISE.

Oui, papa, aujourd'hui même; je n'ai plus à espérer de visite de M. le comte ni de M. Jules : ainsi j'ai bien le temps.

ANFRY.

Tu lui diras que nous lui présentons bien nos respects et nos amitiés.

BLAISE.

Je n'y manquerai point, papa. »

Et Blaise, prenant du papier, une plume et de l'encre, fit à Jacques la réponse suivante :

« Mon cher Monsieur Jacques,

« J'ai été bien heureux et bien surpris de votre chère et aimable lettre. Je vous remercie de ne pas m'oublier; moi aussi, j'ai bien pensé à vous, et j'ai plus d'une fois pleuré en y songeant. Je me suis consolé par la pensée que c'était la volonté du bon Dieu que nous fussions séparés, et que c'est le sacrifice qu'il me demande pour ma première communion. Merci, mon bon Monsieur Jacques, de votre bonne pensée de prier pour moi en ce saint et heureux jour. Demandez à Notre-Seigneur de me rendre semblable à lui, de me donner du courage dans les temps de tristesse, de la force pour résister à la joie, afin que je n'oublie pas que je ne suis dans ce monde qu'en passant, et que ma vraie vie ne commencera que lorsque je ne pourrai plus mourir. Priez, mon bon monsieur Jacques, pour que je n'oublie jamais aucun de mes devoirs et que je m'oublie toujours pour me dévouer aux autres; priez pour que je ne conserve aucun souvenir du mal qu'on me fait, et que je n'oublie jamais les bienfaits que je reçois. On a trompé votre papa en lui disant que le comte de Trénilly était méchant; il est bon comme le meilleur des hommes; je l'aime comme s'il était mon père. Son fils, M. Jules, est excellent aussi, ainsi que sa fille, Mlle Hélène. M. Jules et moi, nous ferons notre première communion dans trois semaines, le 8 septembre, fête de la sainte Vierge. M. le comte et Mlle Hélène nous ont promis de communier avec nous ce jour-là, ce qui vous prouve combien ils sont réellement bons et pieux. Je suis très heureux, mon bon Monsieur Jacques, heureux de tout ce que le bon Dieu veut bien m'envoyer, des peines comme de la joie. Papa et maman vous remercient bien de votre bon souvenir, et vous présentent leurs respects et leurs amitiés. Quant à moi, Monsieur Jacques, je sais bien que ma position me défend de vous embrasser, mais je puis me permettre de vous assurer que je vous aime de l'affection la plus tendre et la plus dévouée.

« Votre humble et obéissant serviteur,

« BLAISE ANFRY. »

A peine Blaise avait-il fini et lu tout haut sa lettre, qu'un domestique entra chez Anfry.

« Mme la comtesse demande Blaise.

— Moi? Mme la comtesse me demande? répéta Blaise fort étonné.

— Oui, oui, et tout de suite encore. « Allez me « chercher Blaise, m'a-t-elle dit, et amenez-le-moi « le plus vite possible. »

— Qu'est-ce que cela veut dire? dit Anfry avec inquiétude. Vas-y, mon Blaisot; va, tu ne peux faire autrement,... et reviens vite nous dire ce qui se sera passé, car je ne suis pas tranquille.

— Ne vous tourmentez point, papa ; que voulez-vous qui m'arrive ? Et quand même il m'arriverait des choses pénibles, le bon Dieu n'est-il pas là pour me protéger, me secourir, et ne dois-je pas être heureux de me conformer à sa volonté ? Au revoir, papa ; je resterai le moins que je pourrai. »

Blaise partit gaiement et se dépêcha d'arriver pour être plus vite revenu. On le fit entrer immédiatement chez la comtesse, qui l'attendait avec impatience. Il salua ; la comtesse lui fit un petit signe de tête, renvoya le domestique, s'assit et dit à Blaise, d'un air froid et hautain :

« Je sais que tu as profité de mon absence pour t'emparer de l'esprit de mon mari et de mon fils ; tu as réussi on ne peut mieux ; je ne vois que des visages allongés les jours où ils ne peuvent prétexter une promenade extraordinaire pour te faire leur visite ; il faudrait pour leur rendre leur bonne humeur que M. Blaise fût toujours près d'eux. Je sais que ma fille est entraînée par son père et par son frère à faire comme eux. Cet état de choses me contrarie et ne peut durer. Je t'ai fait venir pour te dire que j'ai encore assez bonne opinion de ta loyauté pour espérer être obéie en t'interdisant toute démarche qui pourrait te rapprocher de mes enfants ; quant au comte, tu peux passer ta vie à lui baiser les mains et lui faire des platitudes sans que je m'en préoccupe aucunement ; mais je ne veux pas de cette sotte amitié de mes enfants pour un fils de portier et un petit intrigant. Si tu veux obéir à la défense que je te fais, je m'occuperai de ton avenir; je te ferai donner une bonne éducation, et je t'assurerai une rente qui te mettra à l'abri de la pauvreté. Acceptes-tu?

— Madame la comtesse, je n'enfreindrai pas la défense que vous me faites, quelque chagrin que j'en éprouve; je prierai M. le comte de vouloir bien m'aider à suivre vos ordres. Quant à la pension, à l'éducation et aux avantages que vous voulez bien me promettre, vous me permettrez de tout refuser. Je n'ai besoin de rien; je ne veux pas sortir de ma condition, ni mener la vie d'un paresseux; je gagnerai mon pain comme a fait mon père, et, avec l'aide du bon Dieu, j'arriverai à la fin de ma vie sans avoir jamais vendu ni mon cœur ni ma conscience. Je puis affirmer à madame la comtesse qu'elle se trompe en pensant que j'ai intrigué pour gagner l'amitié de M. le comte et de M. Jules. Je n'ai rien fait pour cela; c'est venu tout seul, je ne sais comment, car je sens combien je suis loin de mériter les bontés de M. le comte, de M. Jules et de Mlle Hélène. Le bon Dieu a mené tout cela. Peut-être m'a-t-il donné tant d'amour pour eux afin de m'éprouver et me donner le mérite du sacrifice au moment de ma première communion.... Mais, je vous le promets, Madame la comtesse, je ne verrai vos enfants qu'avec votre permission. »

En achevant ces mots, le pauvre Blaise, qui avait réussi jusque-là à conserver son sang-froid, fondit en larmes. Il voulut dire quelques mots d'excuse, mais les paroles ne pouvaient sortir de ses lèvres. Honteux de prolonger une scène dont la comtesse pouvait s'irriter, Blaise prit le parti de s'en aller sans autre explication, et, saluant à la hâte, il s'avança vers la porte. Avant de l'ouvrir il jeta un dernier regard sur la comtesse, qui s'était levée et qui avait fait un pas vers lui; un certain attendrissement se manifestait sur le visage de la comtesse; au mouvement que fit Blaise pour s'arrêter, elle reprit son air hautain et fit un geste impérieux qui termina sa visite.

Le pauvre garçon évita l'antichambre pour cacher ses larmes aux domestiques, et sortit par un petit escalier qui communiquait à l'appartement du comte et des enfants. A peine avait-il franchi les premières marches, qu'il se heurta contre M. de Trénilly, que les larmes qui obscurcissaient sa vue l'avaient empêché d'apercevoir.

« Où vas-tu donc si précipitamment, mon ami, et comment es-tu rentré au château? » lui dit M. de Trénilly en le retenant.

Blaise ne répondit qu'en se serrant contre la poitrine du comte et en donnant un libre cours à ses sanglots.

« Blaise, mon enfant, pourquoi ces larmes, ces sanglots? lui dit le comte avec inquiétude. Que t'arrive-t-il de fâcheux? Dis-le-moi; parle sans crainte.

— Pardon, Monsieur le comte, mon bon Monsieur le comte, répondit Blaise en retenant ses sanglots.

C'est que je ne m'attendais pas..., j'ai été pris par surprise... et je me suis laissé aller;... mais je vais tâcher d'être plus raisonnable,... plus résigné.

— Résigné! à quoi donc, mon cher enfant? De quoi parles-tu?

— Mme la comtesse m'a défendu de voir M. Jules et Mlle Hélène, et j'ai promis de lui obéir. Vous voyez que j'ai de quoi pleurer et m'affliger.

— Encore! dit le comte avec colère. Toujours cette haine contre ce noble et généreux enfant! »

Le comte resta quelque temps immobile et pensif, tenant toujours Blaise de ses deux mains.

« Blaise, pourquoi ces larmes? »

« Mon cher enfant, dit-il enfin avec tristesse, je ne sais quel parti prendre pour épargner à toi et à Jules ce nouveau chagrin. Je ne puis forcer la volonté de ma femme; je ne puis conseiller à mes enfants de désobéir à leur mère. Et pourtant c'est cruel de devoir les sacrifier, ainsi que toi, à cette volonté impérieuse et déraisonnable.

— Cher Monsieur le comte, soumettons-nous à ce qui nous vient par la permission du bon Dieu. C'est bien, bien pénible, il est vrai; je sais que c'est triste pour vous et pour M. Jules presque autant que pour moi-même, car vous m'aimez, je le sens dans mon cœur. Mais, mon cher Monsieur le comte, savons-nous le temps que durera cette séparation? Peut-être le bon Dieu touchera-t-il le cœur de Mme la comtesse. Aidez-moi, aidez M. Jules et Mlle Hélène à lui obéir : notre soumission l'adoucira et changera ses idées à mon égard. Pensez donc qu'elle me croit faux, hypocrite, intrigant; elle craint peut-être que je ne corrompe M. Jules et Mlle Hélène; une mère, vous savez, Monsieur le comte, c'est toujours si craintif, si inquiet! elle est plus à plaindre qu'à blâmer, je vous assure. Ainsi, Monsieur le comte, promettez-moi que vous m'aiderez à tenir ma promesse, et que vous n'amènerez plus M. Jules et Mlle Hélène sans le consentement de Mme la comtesse.... Voyons, très cher Monsieur le comte, du courage! Je vois bien qu'il vous en coûte, d'abord par amitié pour M. Jules et pour moi; et puis... parce qu'il en coûte toujours de céder, surtout à une femme.... Mais c'est pour votre repos, pour votre bonheur, cher Monsieur le comte. Croyez-moi, nous serons plus heureux en cédant qu'en résistant.

— Mon brave Blaise, dit le comte, c'est toujours de toi que viennent les sages avis et le bien. Je crois que tu as raison ;... céder, c'est mieux.... Mais toi, toi, pauvre enfant, qui ne penses jamais à toi-même, tu souffriras.

— Pas autant que je l'avais craint, puisque je vous verrai, vous, cher Monsieur le comte,... car... vous continuerez à me visiter et à me donner des nouvelles de ce bon M. Jules et de cette excellente Mlle Hélène, toujours si bonne pour moi.

— Moi! tous les jours, mon enfant! tous les jours! c'est un besoin pour mon cœur. Tu sais si je t'aime! Tu serais mon fils, je ne pourrais t'aimer davantage. »

Le comte embrassa une dernière fois le pauvre Blaise, qui s'en alla fort triste, mais un peu consolé par les paroles affectueuses du comte.

« Eh bien! mon Blaisot? lui cria Anfry du plus loin qu'il le vit.

— Rien de bon, papa, répondit Blaise, mais pas trop mauvais non plus.

ANFRY.

Encore les yeux rouges, mon pauvre garçon! Ces satanés gens te feront mourir de peine!

— Pas de danger, papa, dit Blaise en s'efforçant de sourire. Il n'y a que le premier moment qui vous emporte quelquefois.... Avec la réflexion, on se résigne....

ANFRY.

Tu passeras donc ta vie à te résigner, mon pauvre Blaise?

BLAISE.

Sans doute, papa, et c'est un vrai bonheur que le chagrin; cela vous ramène toujours au bon Dieu : on prie mieux en apprenant à souffrir; le bon Dieu est là qui vous aide et qui vous console si bien!

ANFRY.

Et pourtant tu as pleuré!... et tu pleures encore.... Tiens, tiens, les larmes roulent sur tes pauvres joues amaigries.

BLAISE

Ce n'est rien, papa; c'est un reste qui va s'en aller quand j'aurai fait une petite visite au bon Dieu dans son église. »

Blaise raconta à son père la cause de son nouveau chagrin, en atténuant avec sa bonté accoutumée les paroles dures et injurieuses de la comtesse. Anfry contenait avec peine sa colère; il connaissait assez la comtesse pour deviner ce que la charité de Blaise lui cachait. Quand le récit fut fini, il serra Blaise dans ses bras à plusieurs reprises, mais sans dire une parole, et le laissa aller chercher près du bon Dieu sa consolation accoutumée contre les chagrins qu'il supportait avec une fermeté au-dessus de son âge.

# XVIII

## LA COMTESSE DE TRÉNILLY

La comtesse était restée debout au milieu de sa chambre, surprise et troublée des paroles de Blaise, de l'accent digne et ferme qui l'avait dominée malgré elle, et de l'explosion de chagrin qui avait terminé ses paroles.

« Ce refus est singulier, se dit-elle; je lui offre tout un avenir... et il ne l'accepte pas.... Il a même rejeté mes propositions avec une certaine indignation.... C'est dommage que tout cela vienne d'un fils de portier.... Ce serait beau et noble dans une classe plus élevée.... Je commence pourtant à comprendre l'empire qu'il exerce sur mon mari et sur mes enfants.... En vérité j'ai moi-même été presque convaincue, presque attendrie.... Me serais-je trompée? serait-il vraiment le beau et noble cœur que me dit mon mari?.... Mais non! impossible! Un fils de portier.... C'est absurde!... »

La comtesse resta longtemps pensive et indécise, elle se résolut enfin à laisser aller les choses, à observer Blaise et ses enfants, et à agir en conséquence.

« Si ce garçon ment à la promesse qu'il m'a faite, s'il cherche à voir mes enfants à mon insu, je n'aurai aucune pitié pour lui : je le chasserai avec ses parents.... Mais s'il est fidèle à sa parole, s'il accepte avec loyauté et résignation le chagrin que je lui impose, dit-elle, alors..., alors je verrai ce que j'aurai à faire. »

Et la comtesse, secouant la tête, chercha à ne plus penser à Blaise. Elle prit un livre et se mit à lire, sans pouvoir toutefois chasser de son esprit l'image de Blaise indigné, mais calme, puis sanglotant et désolé.

Au retour de la promenade, les enfants avaient couru chez le comte, dont ils recherchaient la compagnie autant qu'ils l'évitaient jadis. Ils le trouvèrent triste et pensif; tous deux se jetèrent à son cou en lui demandant la cause de sa tristesse.

« C'est encore un sacrifice à faire, mes pauvres enfants, dit le comte en les embrassant avec tendresse : votre maman a défendu à Blaise de vous voir, soit chez lui, soit ailleurs; le pauvre garçon a promis d'obéir; il m'a demandé de lui venir en aide pour tenir sa promesse; je le lui ai promis, quelque pénible et douloureuse que me soit cette contrainte. Je ne crois pas pouvoir mieux l'aider qu'en vous communiquant cette résolution si pé-

La comtesse.

nible. Je suis certain que ni toi, ma bonne Hélène, ni toi, mon pauvre Jules, vous ne chercherez à le faire manquer à sa parole, et que vous n'augmenterez pas son chagrin en l'obligeant à repousser les occasions de rapprochement que vous lui offririez.

— Pauvre Blaise! pauvre Blaise! s'écrièrent Hélène et Jules, les yeux pleins de larmes. Vous avez raison, papa, ajouta Jules; nous ne devons pas rendre son sacrifice plus douloureux en le forçant à nous fuir. Nous éviterons de passer devant sa maison, et nous ne lui ferons même rien dire par vous, pour ne pas lui donner la tentation de répondre ou le chagrin de ne pas répondre. Mais vous lui direz, papa, combien cet effort m'est pénible, avec quelle tristesse, quel regret je penserai à lui, à nos bonnes conversations d'autrefois. Pauvre Blaise! il souffre de cette séparation injuste et cruelle. Je ne comprends pas comment maman peut être si injuste pour cet excellent garçon. Elle devrait l'attirer, au lieu de le repousser; l'aimer, au lieu...

#### LE COMTE.

Jules, Jules, respecte ta mère, mon enfant; conforme-toi à ses ordres sans les juger, sans les blâmer. Souviens-toi que nous-mêmes nous avons partagé ses préventions; qu'il y a peu de semaines encore je défendais à Blaise l'entrée du château; que c'est ta maladie qui a tout changé, et que, sans tes aveux, le pauvre garçon souffrirait encore de l'opinion si fausse que j'avais de lui.

## JULES.

Oui, papa, tout cela par ma faute, par suite de mes méchancetés, de mes calomnies contre ce bon Blaise. Je l'ai toujours estimé et respecté, parce que je l'ai connu dès le commencement; mais je l'ai perdu de réputation par jalousie et par la malveillance que j'éprouvais contre tous ceux qui étaient bons. La pauvre Hélène sait ce que j'étais; c'est le remords qui m'a rendu malade, et je suis sûr que ce sont les prières de mon cher Blaise qui ont changé mon cœur... et le vôtre, ajouta-t-il en embrassant tendrement son père. N'est-il pas vrai, papa, que nous sommes bien changés?

## LE COMTE

Oui, mon cher enfant. Et maintenant, au lieu de nous irriter contre ta mère, prions le bon Dieu qu'il lui ouvre les yeux, comme il l'a fait pour nous. »

Quelques instants après, le comte et les enfants entrèrent au salon, où ils trouvèrent la comtesse qui les attendait pour entrer en même temps qu'eux dans la salle à manger. Elle regarda attentivement ses enfants, baissa les yeux en considérant leurs yeux rouges et leurs visages attristés; levant les yeux sur son mari, elle se sentit rougir devant sa physionomie sévère et pensive.

« Allons dîner, dit-elle en se levant; j'ai hâte d'avoir fini.

— Serait-il plus tard que je ne pensais? dit le comte. Il me semble que nous sommes exacts à l'heure comme d'habitude.

— Ce n'est pas pour rassasier ma faim que je

désire voir le dîner fini, mais pour pouvoir me retirer chez moi.

— Seriez-vous souffrante, Julie? dit le comte avec empressement.

LA COMTESSE.

Non, pas souffrante, mais ennuyée, excédée de ce petit Blaise, qui vous a tous ensorcelés, et qui est cause de vos mines allongées et attristées.

LE COMTE.

En quoi Blaise est-il cause de nos sottes mines?

— En quoi? vous demandez en quoi! s'écria la comtesse avec chaleur. N'est-ce pas depuis que je lui ai défendu de venir au château que vous êtes tous trois comme des âmes en peine?

— Ou des ânes en plaine, comme le disait une dame de votre connaissance, interrompit le comte en riant.

LA COMTESSE.

Laissez-moi parler; vos interruptions ne m'empêcheront pas de dire que Blaise est un sot, qu'il vous a rendus tous aussi sots que lui, et que je vois très bien que vous prenez aujourd'hui des airs de martyrs, parce que ce petit bonhomme a été se plaindre à vous de la défense que je lui ai faite de voir mes enfants, défense que je maintiendrai et que je saurai faire respecter.

— Vous n'y aurez pas grand'peine, Julie, répondit le comte avec calme, car Hélène et Jules sont très décidés....

— A me désobéir sous votre protection? interrompit la comtesse avec vivacité.

— A vous obéir, répondit le comte avec froideur, et à aider Blaise, par leur obéissance, à exécuter vos ordres, qu'il respecte, et dont il m'a donné connaissance, comme c'était son devoir de le faire. Il n'a porté aucune plainte contre vous; il a pleuré parce qu'il souffrait, mais sans aucun sentiment amer contre vous, qui causiez sa souffrance. »

La comtesse se troubla et rougit; elle passa dans la salle à manger. Le dîner fut silencieux; la comtesse chercha plusieurs fois à engager la conversation; elle fut aimable et prévenante, contrairement à son habitude, cherchant à égayer Hélène et Jules, et à dérider son mari.

« Vous avez repris votre air terrible, mon ami, dit-elle à son mari en rentrant au salon; vous l'aviez perdu à mon retour; j'espère que vous ne le garderez pas; vous me faites peur, ce soir.

— Hélène et Jules ne me craignent plus, répondit le comte en serrant ses enfants dans ses bras; ils savent que tout est changé en moi, et que mon air sévère, que je regrette et que je me reproche, n'est plus que le symptôme extérieur d'une tristesse que je ne puis vaincre. Vous me comprendrez un jour, je l'espère, ma chère Julie, et vous serez alors, comme moi, triste du passé et heureuse du présent. »

La comtesse répondit légèrement au serrement de main du comte; elle rougit encore, réfléchit quelques instants, et, se tournant vers Jules, elle lui dit avec effort :

« Vous avez repris votre air terrible », dit la comtesse à son mari

« Jules,... je suis fâchée du chagrin que je te cause ; si j'avais de Blaise l'opinion qu'en a ton père, je n'aurais jamais défendu son intimité avec toi,... quoiqu'il ne soit que le fils d'un portier, ajouta-t-elle par réflexion ; mais... c'est pour toi, pour Hélène... que je crains..., que je crois..., que je veux éviter.... »

La comtesse s'arrêta, ne sachant comment achever et craignant d'en avoir trop dit ; son mari l'encourageait par un affectueux sourire ; ses enfants la regardaient avec des visages pleins d'espérance.

« Je maintiens ma défense, dit-elle avec plus de décision, jusqu'à ce que j'aie éprouvé l'obéissance de Blaise. »

Les visages perdirent leur expression joyeuse ; la comtesse resta troublée et gênée ; Hélène prit son ouvrage, Jules son crayon, le comte son journal, et la comtesse son livre, qu'elle lisait des yeux et sans savoir ce qu'elle avait lu ; sa pensée était toute au bon mouvement qu'elle avait repoussé et au regret de ne pas l'avoir écouté.

# XIX

## L'ENTORSE

Le lendemain et les jours suivants, le comte alla très exactement passer une heure avec Blaise, qu'il emmenait promener dans les champs; il lui rendait compte de tout ce qui pouvait l'intéresser, mais il ne nommait jamais la comtesse dans ses entretiens. Un jour, Blaise, ayant mis le pied à faux sur une pierre, tomba et ressentit une violente douleur à la cheville. Il se releva difficilement avec l'aide du comte, et retourna à grand'peine chez lui, soutenu et presque porté par le comte. Mme Anfry s'empressa de lui enlever son soulier et son bas, qu'elle fut obligée de couper pour le retirer, tant le pied était enflé.

« Qu'allez-vous faire pour le soulager, madame Anfry, en attendant mon médecin? demanda le comte avec anxiété.

MADAME ANFRY.

Je ne suis pas embarrassée du traitement, monsieur le comte, et je ne veux pas de votre médecin. Dans trois jours il n'y paraîtra pas.

LE COMTE.

Quel remède allez-vous donc employer? Prenez garde d'augmenter son mal en voulant le guérir sans médecin.

MADAME ANFRY.

Pas de danger, Monsieur le comte; je vais lui faire le remède Valdajou; c'est bien simple et bien connu pour les entorses.

LE COMTE.

Avez-vous ce qu'il vous faut? Je vous enverrai ce dont vous aurez besoin.

MADAME ANFRY.

Merci, Monsieur le comte; j'ai sous la main tout ce qui m'est nécessaire. Je prends du son, que je mets dans une casserole, j'y verse, pour en faire un cataplasme, de..., de..., un liquide que je n'ose nommer, monsieur le comte; je mets au feu, et, quand c'est chaud, j'y fais fondre une chandelle en la tenant par la mèche; voilà tout.

— C'est facile, en effet, répondit le comte en riant. Dieu veuille que mon pauvre Blaise s'en trouve soulagé, car il souffre beaucoup!

BLAISE.

Moins depuis que je suis couché, Monsieur le comte; ce ne sera rien; ne vous en tourmentez pas.

LE COMTE.

Je reviendrai savoir de tes nouvelles, mon ami, et je vais faire part de ton accident à Hélène et à Jules, qui en seront bien fâchés.

Il se releva avec l'aide du comte. Page 273.)

#### BLAISE.

Merci, mon bon Monsieur le comte; je ne leur fais rien dire, mais vous savez que je pense bien souvent à eux. Jamais l'obéissance ne m'a été si pénible, ajouta-t-il avec un soupir.

#### LE COMTE.

Elle n'en est que plus méritoire, mon ami; tu en auras certainement la récompense. »

Le comte partit, après lui avoir serré la main. Quand il se fut éloigné, Blaise appela sa mère.

« Maman, je souffre cruellement; devant M. le comte, j'ai cherché à dissimuler ma souffrance pour ne pas l'inquiéter; mais je crains d'avoir plus qu'une entorse : il me semble que j'ai le pied démis.

Le cataplasme Valdajou

#### MADAME ANFRY.

Démis! Seigneur Dieu! Je vais vite appeler ton

père pour qu'il aille chercher le médecin. Pourquoi ne l'as-tu pas dit à M. le comte? Il aurait envoyé un cabriolet pour chercher le médecin; nous l'aurions déjà.

Blaise appela sa mère.

BLAISE.

Je n'ai pas voulu l'effrayer; il est bon et il m'aime bien; il se serait tourmenté, et il aurait attristé M. Jules et Mlle Hélène.

— Tu penses toujours aux autres et jamais à toi; c'est trop, mon Blaisot, trop, cela. Anfry, Anfry, continua-t-elle en allant dans le jardin, va vite chercher le médecin pour notre garçon; il croit avoir le pied démis; il n'a pas voulu le dire à M. le comte, pour ne pas le chagriner, et il souffre l'impossible. »

Anfry jeta sa bêche, courut à Blaise, examina son pied et sortit précipitamment pour aller chez

Le pied était démis, il fallait le remettre. (Page 281.)

le médecin. Il le trouva heureusement chez lui et l'emmena pour voir son fils.

Quand M. Taillefort vit le pied de Blaise, il reconnut, malgré l'enflure, qu'il y avait, en effet, plus qu'une entorse ; le pied était démis ; il fallait le remettre.

« L'opération sera très douloureuse, mon pauvre garçon, dit-il à Blaise, mais ce sera vite fait ; prenez courage et laissez-moi faire : ce ne sera pas long.

— Le courage ne me manquera pas avec l'aide du bon Dieu, monsieur ; vous pouvez commencer quand vous voudrez. »

Blaise fit un grand signe de croix et attendit en fermant les yeux.

Anfry était pâle comme un mort ; il eut à peine la force d'exécuter l'ordre du médecin, de tenir fortement la jambe de Blaise pendant qu'on tirait le pied pour le mettre en place.

Blaise ne poussa pas un cri ; un gémissement lui échappa au moment de la plus vive douleur.

« C'est fait, dit M. Taillefort ; le pied est bien remis. Vous avez eu un fier courage, mon ami, ajouta-t-il en enveloppant la cheville d'un cataplasme. Il n'y en a pas beaucoup qui supportent une pareille opération sans crier, et vous pouvez vous.... Ah ! mon Dieu ! il s'est évanoui ! Monsieur Anfry, du vinaigre, s'il vous plaît, pour bassiner les tempes et le front. »

Anfry voulut aller au buffet, mais la force lui manqua ; il retomba sur une chaise ; l'émotion avait été trop vive.

« Tiens ! vous ne valez guère mieux que votre

garçon, reprit M. Taillefort. Où trouverai-je du vinaigre? Je vous en arroserai en passant. »

Anfry montra du doigt le buffet. M. Taillefort l'ouvrit et en tira une bouteille.

« Où est donc Mme Anfry? Serait-elle aussi par terre dans quelque coin? J'ai besoin d'une serviette pour envelopper le pied.

— Me voici, Monsieur, répondit Mme Anfry, qui s'était réfugiée dans un cabinet pour ne pas être témoin des souffrances de son fils. Elle en sortit pâle et le visage baigné de larmes.

— Une serviette, s'il vous plaît, ou un mouchoir pour maintenir le cataplasme; pendant que je banderai le pied, vous lui bassinerez le front et les tempes avec du vinaigre. »

Mme Anfry donna la serviette que demandait M. Taillefort, et frotta de vinaigre le visage décoloré de Blaise. Il ne tarda pas à reprendre connaissance. Il poussa un soupir, ouvrit les yeux et regarda autour de lui pour rappeler ses souvenirs.

« Là! c'est fait et parfait, dit le médecin; du repos, du calme, peu de nourriture, et ce sera l'affaire de huit jours.

— Huit jours! s'écria Blaise effrayé. Huit jours sans marcher! Et ma retraite de première communion qui commence dans huit jours!

— Eh bien! eh bien! ce qui commence n'est pas fini. Dans huit jours vous pourrez essayer de vous traîner jusqu'à l'église. Et dans quinze jours vous marcherez comme un autre. Du calme, du calme, mon garçon : sans quoi la fièvre s'en mêlera. »

Et M. Taillefort salua et s'en alla.

Le pauvre Blaise était retombé sur son oreiller et répétait tout bas : « Mon Dieu ! que votre volonté

Madame Anfry s'était réfugiée dans un cabinet.

soit faite et non la mienne ! » Cinq minutes après, il avait repris son calme et sa gaieté.

« Ne vous affligez pas, maman, dit-il à sa mère qui pleurait ; je souffre bien moins qu'avant l'opération ; et, comme dit M. Taillefort, dans huit jours je serai sur pied.

— Dans huit jours ! Je dis que tu seras sur pied dans quatre jours, n'en déplaise à ce monsieur ; je vais t'enlever cette saleté de cataplasme qu'il t'a mis là, et je le remplacerai par le cataplasme Valdajou. Ce ne sera pas le premier pied qu'il aura guéri, je t'en réponds.

— Es-tu sûr que ce ne sera pas mauvais pour ce qu'il a ? dit Anfry avec inquiétude.

— Mauvais, le cataplasme Valdajou ! On voit bien que tu ne le connais pas, mon ami ; tu y auras plus de confiance quand il aura guéri notre garçon. »

Et Mme Anfry se mit en devoir de préparer le cataplasme de son, de chandelle et.... Nous laissons deviner ce que Mme Anfry n'a pas voulu nommer.

Blaise s'endormit dès que sa mère lui eut appliqué son remède Valdajou, et il dormit si bien qu'il n'entendit pas le comte qui vint après le dîner savoir des nouvelles du malade.

« Ah ! il dort ! dit-il à mi-voix en jetant un regard sur le lit où dormait Blaise. Tant mieux ! il ne sent pas son mal en dormant.... Pauvre enfant ! ajouta-t-il après l'avoir regardé attentivement ; comme il est pâle !

MADAME ANFRY.

Il y a de quoi, Monsieur le comte. Quand vous avez été parti, il nous a avoué qu'il souffrait horriblement, et il a demandé le médecin pour lui remettre le pied.

LE COMTE, *avec inquiétude*.

Un médecin ! Lui remettre le pied ! Mais il avait refusé le médecin, et il m'avait dit qu'il souffrait moins.

MADAME ANFRY.

C'est pour ne pas vous tourmenter, Monsieur le comte, qu'il vous a caché sa souffrance. Son pied était bien réellement démis, M. Taillefort le lui a remis. Notre pauvre garçon n'a pas même sourcillé pendant l'opération ; seulement il a perdu connaissance après. C'est pourquoi il est si pâle.

LE COMTE, *d'une voix émue*.

Pauvre Blaise ! Quel oubli de lui-même, et quel courage ! Il le puise dans sa grande confiance et dans sa parfaite soumission à toutes les volontés du bon Dieu…. Quel bel exemple nous donne cet enfant ! »

Le comte resta quelques minutes silencieux près du lit de Blaise. Avant de le quitter, il effleura de ses lèvres son front pâle, bénit l'enfant dans son sommeil, et recommanda à Anfry de lui faire savoir, au réveil de Blaise, comment il se trouvait.

## XX

### L'ÉPREUVE

Le comte entra au salon, où il trouva la comtesse et les enfants; il leur raconta l'accident du pauvre Blaise, ses souffrances et son courage pour dissimuler son mal et pour subir l'opération. Hélène et Jules se désolaient et ne pouvaient s'empêcher d'exprimer le vif désir de le soigner et de le distraire pendant sa reclusion, et leur amer chagrin de ne pouvoir satisfaire à ce vœu de leur cœur.

La comtesse n'avait rien dit; la tête baissée sur son ouvrage, elle avait semblé impassible au récit de son mari et aux lamentations de ses enfants.

« Hélène, dit-elle en relevant la tête, prends du papier, une plume et de l'encre pour écrire une lettre sous ma dictée. »

Quoique Hélène ne fût guère en train de faire la correspondance de sa mère, elle obéit sans hésiter.

HÉLÈNE.

Je suis prête, maman.

LA COMTESSE, *dictant*.

« Mon cher Blaise.... »

Hélène relève la tête vivement, Jules saute de dessus sa chaise, le comte regarde sa femme avec surprise.

LA COMTESSE.

As-tu écrit : « Mon cher Blaise » ?

HÉLÈNE.

Non, maman ; j'ai été surprise....

LA COMTESSE, *avec calme*.

Écris et n'interromps pas, si tu peux.

« Mon cher Blaise, papa nous a raconté ton accident et ton courage ; Jules et moi, nous sommes si tristes de te savoir souffrant, que nous ne résistons plus au désir de te voir.... »

Hélène quitte encore sa plume et regarde sa mère d'un air ébahi ; Jules reste debout, l'œil fixe, l'oreille tendue ; le comte, extrêmement surpris et non moins intrigué, ne quitte pas sa femme des yeux.

LA COMTESSE.

Continue, Hélène : « ... que nous ne résistons plus au désir de te voir, et que demain.... »

Deux cris de joie s'échappent des lèvres de Jules et d'Hélène ; le comte se lève.

LA COMTESSE, *toujours avec calme*.

« ... que demain nous irons chez toi avant neuf heures, pour que maman ne le sache pas. Si tu veux, nous pourrons y retourner tous les jours, matin et soir, en mettant papa dans notre confidence. Nous t'embrassons bien tendrement, mon bon Blaise; nous t'apporterons demain des livres, des couleurs, des images à peindre, et tout ce qui pourra t'amuser. »

La plume tomba des mains d'Hélène stupéfaite; le comte s'approcha de la comtesse, lui prit la main et lui dit avec émotion :

« Julie, votre intention est bonne, je n'en doute pas, je vous en remercie; mais vous proposez aux enfants une action déloyale, et vous leur faites jouer près du pauvre Blaise le rôle du démon tentateur.

LA COMTESSE.

Je le sais bien, mon ami; aussi n'est-ce pas sérieux. Je compte bien que les enfants ne feront pas la visite dont je parle.

LE COMTE, *d'un air de reproche*.

Alors pourquoi leur donner, ainsi qu'à Blaise, le crève-cœur de la proposer? C'est un jeu cruel, Julie.

LA COMTESSE.

Ce n'est pas un jeu, c'est une épreuve. Je veux voir si Blaise est réellement ce que vous pensez : s'il a le courage de refuser la visite des enfants, je serai bien ébranlée dans mon opinion; s'il accepte, j'aurai eu raison.

LE COMTE.

Non, ce ne serait qu'une faiblesse bien naturelle dans un enfant aimant et affaibli par la souffrance. Mais je connais assez ce loyal et noble caractère pour espérer qu'il sortira victorieux du piège que vous lui tendez.

### LA COMTESSE.

Nous verrons bien. Signe la lettre, Hélène.

### HÉLÈNE.

Oh! maman! de grâce. Ce pauvre Blaise! il nous aime tant! s'il allait dire oui.

### JULES.

Il dira non, j'en suis certain : je l'ai vu dans bien des épreuves que lui amenait ma méchanceté, il a toujours agi noblement et bien.

### LA COMTESSE.

Alors signe, Hélène.... Signe donc, répéta-t-elle d'un ton d'impatience, voyant l'hésitation d'Hélène. Demain matin, de bonne heure, je lui ferai parvenir cette lettre, et je vous prie instamment, dit-elle en s'adressant à son mari, de ne pas contrarier mon épreuve, qui est dans l'intérêt de Blaise, puisque vous êtes tous si sûrs de lui.

— Faites, dit le comte avec froideur et tristesse; mais je répète que votre jeu est cruel, et que le moment est mal choisi pour tourmenter ce pauvre enfant. »

La comtesse prit la lettre des mains d'Hélène, la cacheta et ordonna à sa fille de la remettre à un domestique, avec recommandation de la porter à Blaise le lendemain de bonne heure.

Hélène exécuta l'ordre de sa mère et reprit tristement son ouvrage; Jules dessina sans dire mot; le comte resta pensif et silencieux. Ne voyant pas venir Anfry, il envoya savoir des nouvelles de

Blaise; on lui dit qu'Anfry avait toujours attendu le réveil de son fils, qui dormait encore paisiblement.

La soirée était avancée; peu de temps après, le comte avertit les enfants que l'heure du repos était arrivée; il se retira avec eux, laissant sa femme à ses réflexions.

Le lendemain, de bonne heure, comme le comte achevait sa toilette et se disposait à aller savoir des nouvelles du pauvre Blaise, un domestique lui remit un paquet; il l'ouvrit et vit qu'il contenait la lettre que la comtesse avait fait écrire la veille par Hélène; une autre feuille était de l'écriture de Blaise; il lut ce qui suit :

« Cher Monsieur le comte,

« Je reçois à l'instant la lettre que je me permets de vous envoyer ci-joint; je suis reconnaissant de l'amitié que me témoignent Mlle Hélène et M. Jules, mais je vous supplie instamment, mon cher, bien cher Monsieur le comte, d'empêcher la visite qu'ils veulent me faire en cachette de Mme la comtesse. Je ne peux pas les fuir, puisque je suis retenu dans mon lit par l'accident que le bon Dieu m'a envoyé. Et comment aurais-je la force de ne pas leur parler, de ne pas les remercier d'une affection dont je suis si profondément touché, et que je partage si vivement? Comment ferais-je pour ne pas manquer à ma parole, pour ne pas enfreindre la défense de Mme la comtesse? Mon bon Monsieur le comte, venez à mon secours;

en cela comme en tout, soyez mon guide, mon protecteur, mon bon maître. Ne les laissez pas croire à de l'ingratitude de ma part; non, non, mon cœur est plein de tendresse et de reconnaissance pour eux, pour vous; mais voyez, cher Monsieur le comte, puis-je honnêtement, loyalement recevoir leur visite, connaissant la défense de Mme la comtesse? C'est pour moi une grande tristesse, un terrible effort de les repousser quand ils me demandent; j'en suis malheureux, et mes larmes, que je ne puis retenir, coulent sur mon papier. Cher Monsieur le comte, venez me donner du courage, venez me tendre votre main chérie pour que je la couvre de baisers et que je la serre contre mon cœur, ce cœur qui bat pour vous et les vôtres d'un amour si profond, si dévoué et si respectueux.

« Votre tout dévoué et très humble serviteur,

« BLAISE ANFRY.

« P.-S. — Je n'ai parlé de la lettre ni à papa ni à maman, parce qu'ils pourraient désapprouver Mlle Hélène de l'avoir écrite, et j'aurais du chagrin de l'entendre blâmer. »

Le cœur du comte battit avec violence à la lecture de cette lettre; l'admiration, la tendresse se mêlaient à l'irritation que lui causait l'épreuve cruelle que la comtesse avait infligée au pauvre Blaise; les larmes de cet enfant lui retombaient sur le cœur, il souffrait pour lui et avec lui.

Quoiqu'il fût pressé d'aller le consoler et le rassurer, il voulut, avant de sortir, faire lire à Hélène et à Jules la noble et belle réponse de leur ami.

« J'en étais sûr! s'écria Jules triomphant. Ne doutez jamais de Blaise, papa, et ne craignez pour lui aucune épreuve; il en sortira toujours avec honneur et gloire.

— Excellent Blaise, dit Hélène, quel chagrin de ne pas le voir!

— Espérons que votre maman finira par être touchée de tant de vertu et de qualités attachantes, dit le comte. Qui sait quel effet pourra produire la première communion de Jules! »

En sortant de chez ses enfants, le comte alla chez sa femme.

« Tenez, dit-il en lui tendant la lettre de Blaise, voyez quels sont les sentiments de cet admirable enfant. »

La comtesse prit la lettre, la lut, puis la relut : le comte l'examinait pendant cette lecture et vit avec bonheur une émotion sensible animer le visage de la comtesse, puis une larme couler le long de sa joue et venir se mêler aux traces des larmes du pauvre Blaise.

Le comte se pencha vers elle et posa ses lèvres sur l'œil qui avait laissé échapper cette larme.

« Pauvre garçon! dit la comtesse en se laissant aller à son émotion; pauvre garçon! Comme j'ai été injuste envers lui!

LE COMTE.

Vous avez fait comme moi, ma chère Julie ; nous

avons tous été méchants pour lui à l'exception d'Hélène, qui a toujours pris sa défense et qui a su démêler la vérité au milieu de toutes les calomnies qui l'ont déchiré. A votre tour, maintenant, de réparer le mal que vous avez fait.

LA COMTESSE.

Comment faire, mon ami? Comment revenir sur ce que j'ai tant dit et redit?

LE COMTE.

Il est toujours facile de reconnaître un tort ou une erreur, Julie. Il n'y a de difficile que le premier moment.

LA COMTESSE.

Laissez-moi quelques jours encore, mon ami; donnez-moi le temps de réfléchir, de me décider.

LE COMTE.

Prenez tout le temps que vous voudrez, chère amie, mais n'oubliez pas que vous avez planté des épines dans le cœur de Blaise et dans ceux de vos enfants, et que vous seule pouvez arracher et guérir les plaies que vous avez faites.

LA COMTESSE.

C'est vrai, c'est vrai. Que faire, mon Dieu, que faire?

LE COMTE.

Priez, ma bonne Julie, priez ce Dieu de miséricorde que vous venez d'invoquer involontairement, de vous bien inspirer, de vous diriger dans votre retour de justice; il ne vous fera pas défaut.

— C'est que..., c'est que... je ne sais pas prier, s'écria la comtesse en se jetant au cou de son mari.

LE COMTE.

Pauvre Julie! c'est tout comme moi, mon amie; moi aussi je ne savais pas prier quand Jules a été si malade; Blaise a été mon maître; par lui j'ai tout vu, tout compris; par lui j'ai appris ce qu'est le vrai bonheur en ce monde, la douceur qu'on peut tirer des peines, la consolation que donne la prière. Julie, chère Julie, je serai à mon tour votre maître, si vous le voulez.

LA COMTESSE.

Oui, oui, mon maître, et toujours mon ami. Je sens mon cœur tout changé, amolli; je commence à comprendre et à aimer votre changement, celui de Jules, à respecter les vertus d'Hélène, et à admirer celles du pauvre Blaise. Comment va-t-il aujourd'hui? L'avez-vous vu?

LE COMTE.

J'y allais quand j'ai reçu sa lettre, que je tenais à vous faire lire.

LA COMTESSE.

Merci, mon ami, merci. Dites à ce pauvre garçon que je...; non, non, ne dites rien; je lui dirai moi-même; mais pas encore,... pas encore.... Je veux seulement lui envoyer les enfants; prévenez-le que, vu son accident, je lève la défense, et que je lui laisse voir mes enfants. Envoyez-les-moi, mon ami; ne leur dites rien; permettez que je le leur dise moi-même. »

Le comte ne répondit qu'en serrant sa femme contre son cœur et en l'embrassant à plusieurs reprises avec tendresse; il alla sans perdre de temps chercher les enfants, qui causaient de leur chagrin de ne pas voir leur cher Blaise.

LE COMTE.

Votre maman vous demande, mes amis; allez vite, vite, mes chers enfants.

JULES.

Comme vous avez l'air heureux, papa! y a-t-il quelque chose de nouveau, de bon?

LE COMTE.

Vous verrez. Allez dire bonjour à votre maman.

HÉLÈNE.

Oh! papa, nous avons le temps; maman n'aime pas que nous entrions chez elle trop tôt.

LE COMTE, *riant*.

Sont-ils entêtés, ces nigauds-là! Puisque je vous dis d'y aller vite, vite; c'est que....

JULES.

C'est que quoi, papa?

— C'est que..., c'est que je vous aime de tout mon cœur, et que je bénis le bon Dieu du fond de mon cœur, et que nous devons tous remercier le bon Dieu de tout notre cœur! » s'écria le comte en serrant ses enfants dans ses bras et les embrassant avec un redoublement de tendresse.

Le comte s'échappa en riant et laissa les enfants surpris de cette explosion si joyeuse, qui ne lui était plus habituelle depuis le retour de la comtesse.

« Allons chez maman, dit Hélène; peut-être nous expliquera-t-elle l'air radieux de papa.

JULES.

N'y restons pas trop longtemps ; je ne sais jamais de quoi parler devant maman : j'ai toujours peur d'être grondé.

HÉLÈNE.

C'est qu'elle ne pense pas comme nous et comme papa. Si elle pouvait se trouver changée comme papa et toi, nous serions si heureux !

JULES.

Oui, mais il faudrait pour cela qu'elle vît souvent Blaise, qu'elle écoutât Blaise, qu'elle aimât Blaise ! Malheureusement elle le déteste. »

Tout en causant, ils étaient arrivés à la porte de leur maman. A leur grande surprise, au lieu de les attendre, elle alla au-devant d'eux et les embrassa à plusieurs reprises avec vivacité.

« Hélène et Jules, mes chers enfants, leur dit-elle d'une voix émue, votre papa m'a fait lire la lettre du pauvre Blaise.... »

A cette épithète de *pauvre* Blaise, Hélène et Jules écoutèrent avec anxiété.

LA COMTESSE, *continuant*.

J'en ai été très touchée ; j'ai reconnu que j'avais eu de lui une fausse opinion, et non seulement je vous permets, mais je vous engage à aller le voir....

— Voir Blaise ! Aller chez Blaise ! s'écrièrent les enfants avec transport.

— Oui, mes enfants : voir Blaise, aller chez lui, le plus que vous pourrez. Vous lui direz que c'est moi qui vous envoie ; vous lui expliquerez que c'est sa réponse à la lettre que j'ai fait écrire par

Hélène qui a amené ce changement, et que je verrai avec plaisir votre intimité avec lui.

— Merci, merci, maman! s'écrièrent encore Hélène et Jules en se jetant à son cou et en l'embrassant avec effusion. Merci du bonheur que vous nous donnez à nous et à notre pauvre Blaise!

— Pauvres enfants! vous me faisiez pitié depuis quelque temps déjà. Plusieurs fois j'ai été sur le point de lever ma défense, mais je n'étais pas encore bien convaincue, et je voulais attendre. Allez, courez, pauvres enfants; allez porter la joie dans le cœur de votre cher malade. »

Les enfants embrassèrent encore la comtesse et coururent chez Anfry. Jules entra le premier, se précipita dans la chambre en criant :

« Blaise, mon cher Blaise, nous voici, Hélène et moi. »

Le comte était près du lit de Blaise, auquel il n'avait encore rien dit, lui trouvant un peu de fièvre, et craignant qu'une émotion nouvelle ne redoublât son agitation. Aux premiers mots de Jules, Blaise saisit les mains du comte, et d'un accent de détresse il lui dit :

« Monsieur le comte, cher Monsieur le comte, secourez-moi, sauvez-moi!

LE COMTE.

Rassure-toi, mon enfant : c'est ma femme qui, après la lecture de ta lettre, t'envoie elle-même ses enfants.

BLAISE.

Est-il possible!... Quel bonheur!... Mon Dieu,

quel bonheur!... Mon Dieu, je vous remercie! »

Hélène avait rejoint Jules, qui ne se lassait pas d'embrasser Blaise; tous deux lui racontèrent, lui expliquèrent le changement survenu dans le sentiment de la comtesse. Blaise était aussi heureux que le comte et ses enfants. Le bonheur l'empêchait de sentir la douleur de son pied et l'agitation de la fièvre. Le comte dut user d'autorité pour emmener Hélène et Jules; il craignit que la fièvre n'augmentât par l'émotion que lui donnait la présence de ses amis; il promit à Blaise de les ramener dans l'après-midi, et lui recommanda, en le quittant, de rester bien tranquille. En effet, Blaise, radieux, n'oublia pas de remercier longuement le bon Dieu du bonheur qu'il lui envoyait, et, tout en priant, il s'endormit. Son sommeil dura deux heures; à son réveil, la fièvre avait disparu; le cataplasme Valdajou avait enlevé presque entièrement la douleur de son pied : il se livra donc sans réserve à la joie qui inondait son cœur.

Peu de temps après son réveil, un domestique vint apporter à Blaise la lettre suivante, en demandant la réponse :

« Ton dernier ennemi est vaincu, mon cher Blaise : la noblesse de tes procédés, la vertu que tu as déployée dans les événements récents, que j'ai provoqués et que je regrette, ont entièrement changé l'opinion que je m'étais formée de toi. Au lieu de te qualifier d'intrigant, de méchant, de voleur et de menteur, je te vois tel que tu es, pieux, bon, patient, généreux, désintéressé et dévoué. Tu as déjà reçu les excuses de mon mari et de mon fils; reçois encore les miennes, et pardonne-moi la peine que je t'ai causée et que je me reproche vivement. Écris-moi si ma visite te ferait plaisir; je serais peinée d'ajouter une contrariété à toutes celles que je t'ai causées. Je t'embrasse, mon pauvre enfant, et je te bénis des soins que tu as donnés à Jules pendant sa maladie, soins que j'ai eu l'aveuglement de croire intéressés. Prie Dieu pour moi afin qu'il me rende semblable à mon mari, à mes enfants et à toi-même.

« Comtesse DE TRÉNILLY. »

Blaise, attendri du contenu de cette lettre, qui avait dû beaucoup coûter à l'orgueil de la comtesse, porta ses lèvres sur la signature, demanda à son père une plume et du papier, et fit la réponse suivante :

« Madame la comtesse,

« Votre bonté m'a comblé de joie; tous mes vœux sont accomplis. Je souffrais de la mauvaise opinion que j'avais probablement provoquée sans le vouloir et sans le savoir; je suis heureux, bien heureux des bonnes, excellentes paroles que vous voulez bien m'adresser. Si vous daignez m'honorer d'une visite, j'en serai aussi reconnaissant que joyeux; je vous unis déjà dans mon cœur à mon cher M. le comte, à Mlle Hélène et à M. Jules. Je vous remercie, Madame la comtesse, d'avoir bien

voulu donner à vos enfants la permission de venir
me voir; la joie que j'en ai ressentie a fait passer
ma fièvre et m'empêche de sentir le mal de mon
pied. C'est le premier effet de votre bonté, Madame la comtesse.

« Veuillez croire à la sincère reconnaissance et
au profond respect de votre très humble et obéissant serviteur,

« BLAISE ANFRY. »

Le domestique prit la lettre de Blaise et s'empressa de la porter à la comtesse, qui était dans le
salon avec son mari et ses enfants, tous attendant
avec impatience la réponse, qu'ils n'avaient pas
de peine à deviner.

JULES.

Nous irons le voir tout de suite, n'est-ce pas,
maman?

— Oui, s'il accepte ma visite, mon cher enfant;
mais il est possible qu'il me demande d'attendre
son rétablissement.

HÉLÈNE.

Et pourquoi, maman? Pourquoi reculerait-il la
joie que vous voulez lui procurer?

LA COMTESSE.

La joie! la joie! tu oublies donc, ma bonne Hélène, le chagrin que je lui ai fait, et tous mes dédains, et les humiliations que je lui ai fait subir.

LE COMTE.

Il a tout pardonné, tout oublié, j'en suis certain.

« C'est une si belle nature, si généreuse, si sincèrement chrétienne !

JULES.

Voici la réponse, maman ; voici Joseph qui l'apporte. »

La comtesse alla au-devant du domestique qui entrait et, prenant la lettre, l'ouvrit précipitamment. Après l'avoir lue, elle la présenta à son mari.

« Généreux enfant ! dit-elle ; si simple dans sa grandeur, si modeste, si humble dans son triomphe. Il semble qu'il reçoive un bienfait, et que la reconnaissance doive venir de lui.

— Belle et noble âme, en vérité, dit le comte en passant la lettre aux enfants. Toujours le même, jamais de rancune ; le cœur toujours plein de charité et de tendresse.... Quel beau modèle à suivre !

— Partons bien vite, dit la comtesse en mettant son chapeau ; j'ai hâte d'embrasser ce pauvre garçon et de lui entendre dire qu'il ne m'en veut pas. »

Le comte donna le bras à sa femme, après l'avoir tendrement embrassée, et tous se dirigèrent vers la demeure de Blaise, où ils ne tardèrent pas à arriver.

« Nous voici au grand complet, mon cher enfant », dit le comte d'un air joyeux en entrant.

Blaise se retourna vivement, son visage devint radieux, et il rougit en voyant la comtesse s'approcher de lui et l'embrasser à plusieurs reprises.

« Je viens te faire mes excuses de vive voix, pauvre enfant calomnié et outragé ; je n'avais pas assez de vertu pour comprendre la tienne, ni assez de sagesse pour deviner le mobile de tes actions.

— Oh! Madame la comtesse! de grâce! ne dites pas cela! Non, non, je vous en prie, ne le répétez pas, dit Blaise, voyant que la comtesse s'apprêtait à parler. Je pourrais avoir le malheur de prendre au sérieux ce que vous dicte votre trop grande indulgence et votre bonté. Et que deviendrait ma première communion sans esprit d'humilité? Je vous remercie mille fois, Madame la comtesse, vous êtes bonne! vous m'avez rendu si heureux!

LA COMTESSE.

Je voudrais bien, mon pauvre enfant, n'avoir jamais que du bonheur à te donner. Comme je te l'ai écrit, prie Dieu pour que mes yeux s'ouvrent tout à fait à ce qui est bon et chrétien.

— Tu as meilleure mine que ce matin, mon ami, dit le comte d'un air affectueux; c'est le bonheur qui te fait oublier tes maux.

— Je ne souffre plus, cher Monsieur le comte; je n'ai plus rien à oublier. Mme la comtesse vient de fermer ma dernière plaie.

— Et j'espère ne pas la rouvrir, mon enfant, dit la comtesse en souriant.

— Dis-nous donc quelque chose, s'écria Jules en saisissant la tête de Blaise et la tournant de son côté; tu n'en as que pour papa et pour maman, et nous sommes là comme les dindons égarés qui cherchent un regard, un sourire, et qui ne les trouvent pas.

— Pardon, Monsieur Jules; pardon, Mademoiselle

Hélène; j'étais occupé avec M. le comte et Mme la comtesse, dit Blaise en souriant; vous savez que le général passe avant les officiers.

HÉLÈNE, *riant.*

Et où sont les soldats?

BLAISE.

C'est moi qui suis le soldat, prêt à exécuter vos commandements.

LE COMTE.

Nous sommes tous les soldats du bon Dieu, et notre drapeau est la croix.

BLAISE.

Glorieux drapeau qu'il ne faut jamais déserter et qui a bien ses douceurs, n'est-ce pas, Mademoiselle Hélène? »

Hélène ne répondit que par un signe de tête et un sourire; elle ne voulut pas dire devant sa mère qu'elle avait souffert de sa froideur, de sa sévérité passées; mais la comtesse la devina, et, l'attirant à elle, l'embrassa et lui dit :

« Je tâcherai à l'avenir de t'épargner les croix, ma pauvre enfant. Mais à quand la première communion? M. le curé a-t-il fixé le jour?

JULES.

Ce sera de dimanche en huit, maman; il est temps de s'occuper des habits que papa a promis à Blaise.

LE COMTE.

Ils sont déjà commandés d'après les indications de Blaise; les tiens aussi, Jules.

JULES.

Qu'est-ce que tu as demandé pour toi, Blaise?

##### BLAISE.

Des choses superbes, pour faire honneur à M. le comte : une redingote en bon drap noir, un pantalon et un gilet blancs; des souliers bien solides et une cravate blanche.

##### JULES.

Pourquoi pas un habit au lieu d'une redingote?

##### BLAISE.

Parce qu'une redingote est plus utile, et qu'un habit me mettrait au-dessus des gens de ma classe, monsieur Jules.

##### HÉLÈNE.

Quel livre as-tu pour la retraite et pour le jour de la première communion?

##### BLAISE.

Je n'en ai pas; j'ai un chapelet que m'a donné M. le curé, et qui est béni par le pape, m'a-t-il dit.

##### HÉLÈNE.

Maman, permettez-moi de lui donner une *Imitation de Notre-Seigneur*. C'est un si beau et si bon livre!

##### LA COMTESSE.

Donne-lui tout ce que tu voudras, ma fille; je serai ton trésorier; tu puiseras dans ma caisse.

##### LE COMTE.

Nous lui formerons une bonne et pieuse bibliothèque, qui lui fera passer le temps dans les longues soirées d'hiver.

##### BLAISE.

Que vous êtes bon, Monsieur le comte! C'est tout ce que je désirais. J'aime tant à lire! M. le curé me prête quelques livres, mais il n'en a guère qui soient à ma portée.

LE COMTE.

Pourquoi ne le disais-tu pas? Tu sais que je me serais fait un vrai plaisir de satisfaire ce goût si sage et si utile.

BLAISE.

Vous avez déjà été si bon pour moi, mon cher Monsieur le comte, que j'aurais craint d'abuser de votre trop grande indulgence à mes désirs.

LE COMTE.

Tu auras tes livres pour ta première communion, mon pauvre garçon. Je suis content d'avoir si bien trouvé. »

Il voulut faire quelques pas.
(Page 309.)

Le comte et la comtesse restèrent quelque temps encore près de Blaise; ils se retirèrent en lui promettant de revenir le lendemain. Hélène et Jules obtinrent sans peine de rester près de leur cher malade. Hélène lui proposa de faire une lecture intéressante, ce qu'il accepta avec reconnaissance.

Quand il resta seul, il remercia le bon Dieu du fond de son cœur du bonheur qu'il lui avait en-

Ils avaient arrangé dans la chambre de Jules une petite chapelle. (Page 310.)

voyé dans cette journée. Il causa longuement avec son père et sa mère, dîna avec appétit et passa une nuit tranquille.

Le lendemain, ne sentant plus aucune douleur à son pied, il demanda à se lever; sa mère enleva le cataplasme et vit avec plaisir que l'enflure était disparue; elle lui banda le pied avant de le lui laisser poser à terre. Quand Blaise fut levé, il essaya de s'appuyer sur le pied malade; la douleur fut si légère, qu'il voulut faire quelques pas, appuyé sur le bras de son père. Cet essai lui ayant réussi, il demanda à rester levé; et à partir de ce jour la guérison marcha rapidement. Quand le jour de la retraite arriva, il put aller à l'église avec les autres enfants de la première communion, et la suivre jusqu'à la fin.

Ses habits avaient été essayés. (Page 310.)

Pendant la retraite, Jules le quittait seulement pour prendre ses repas. Aidés du comte et d'Hélène, ils avaient arrangé dans la chambre de Jules une petite chapelle ornée d'images, de flambeaux, d'un crucifix, d'une statue de la sainte Vierge. Trois fois par jour ils faisaient devant cet autel une lecture pieuse et des prières qu'improvisait Blaise et qui touchaient profondément le cœur du comte et d'Hélène, qui avaient demandé d'y assister.

La veille de la retraite, les habits de Jules et de Blaise avaient été apportés et essayés, de sorte qu'il n'y avait plus à s'occuper qu'à préparer leurs cœurs à recevoir avec humilité et amour le corps de leur divin Sauveur.

# XXI

## LE GRAND JOUR

Le soleil brillait de tout son éclat, les cloches du village étaient en branle depuis le matin; le village lui-même semblait être une fourmilière en pleine activité; on allait, on courait dans les rues; on voyait passer des femmes, des enfants portant des cierges, des bonnets, des rubans; on allait chercher la voisine pour aider à tout; d'une maison à l'autre on se prêtait secours pour la toilette et pour le repas qui devait suivre la sainte cérémonie. Le château était calme; le comte n'avait voulu aucun déploiement de luxe; tous devaient aller à pied à l'église. Jules avait demandé à se placer près de Blaise; Hélène devait rester près de son père et de sa mère. Jules se tenait avec son père dans sa chambre, en attendant Blaise, qui avait promis de venir les chercher; il fut exact au rendez-vous. A neuf heures précises il entra chez

Jules, s'approcha du comte, et, se mettant à genoux devant lui et malgré lui, il lui dit :

« Monsieur le comte, je viens vous demander votre bénédiction ; je vous la demande comme une faveur, comme une preuve de l'amitié dont vous voulez bien m'honorer ; en la recevant, je croirai recevoir celle d'un père vénéré et chéri ; bénissez-moi, cher Monsieur le comte, bénissez le pauvre Blaise, qui sera toujours le plus dévoué, le plus respectueux de vos serviteurs, et qui priera tous les jours le bon Dieu pour votre bonheur éternel.

— Cher enfant, dit le comte en le relevant et le serrant dans ses bras, reçois la bénédiction d'un chrétien que tu as ramené au bon Dieu, d'un père dont tu as sauvé le fils unique et bien-aimé. Je te la donne du fond de mon cœur. Je fais le serment de t'aimer toujours d'une affection toute paternelle, de veiller à ton bien-être, à ton bonheur. Jules, mon fils, viens embrasser ton frère, plus que jamais ton frère en Dieu, aujourd'hui que tu recevras à ses côtés le Seigneur, qui est notre père à tous. »

Jules se précipita dans les bras de Blaise ; il se promirent une amitié fidèle et un constant souvenir devant le bon Dieu.

« Il est temps de partir, dit le comte ; Jules, prends ton livre ; et voici le tien, mon ami, ajouta-t-il en présentant à Blaise un beau *Paroissien*, relié en beau maroquin noir, doré sur tranches et avec un fermoir en or.

— Il n'est pas à moi, Monsieur le comte ; je n'ai

pas de si beaux livres. Voici le mien, dit Blaise en tirant de sa poche une pauvre petite *Journée du chrétien* à moitié usée.

— C'est moi qui te donne ce *Paroissien*, dit le comte; il fait partie de la collection que je t'ai promise et qu'on va t'apporter.

— Oh! merci, Monsieur le comte, répondit Blaise rouge et les yeux brillants de bonheur. Merci; il me semble que je prierai mieux dans ce livre donné par vous; et surtout j'y prierai toujours pour vous et les vôtres.

— Partons, mes chers enfants, dit le comte; mais, avant de partir, recevez une dernière bénédiction. »

Et le comte, mettant les mains sur leurs têtes, les bénit tous deux; puis, les prenant ensemble dans ses bras, il leur donna à chacun un baiser sur le front, essuya de sa main une larme qu'il y avait laissée tomber, et tous trois, recueillis et silencieux, se mirent en route pour l'église.

Elle se trouvait déjà plus qu'à moitié pleine; la comtesse et Hélène étaient dans leurs bancs, attendant le comte, qui devait les rejoindre après avoir mené Jules et Blaise chez le curé, où se réunissaient tous les enfants. Il vint en effet prendre sa place entre sa femme et sa fille. L'église ne tarda pas à se remplir, et on entendit le son lointain des cantiques que chantaient les enfants en marchant processionnellement. Ils entrèrent deux à deux, le curé en tête; Jules et Blaise le suivaient immédiatement. Après le défilé des dix-huit garçons et des vingt-deux filles, chacun prit la chaise qui lui était assignée. M. le curé alla à la sacristie revêtir des habits sacerdotaux; les chantres se couvrirent de leurs chapes, et le service divin commença d'abord par la procession, que suivirent les enfants de la première communion; ensuite vint la première partie de la messe, puis l'instruction ou sermon, que M. le curé eut le bon esprit de ne pas prolonger au delà d'un quart d'heure; puis enfin la dernière partie de la messe, celle du sacrifice et de la communion. Jules et Blaise furent très recueillis pendant toute la cérémonie. Au moment de quitter sa place pour approcher de la sainte table, Jules saisit vivement la main de Blaise et lui dit tout bas :

« Une dernière fois, pardonne-moi, mon frère. »

Blaise répondit avec simplicité et douceur :

« Je te pardonne, mon frère, et je te bénis. »

Peu de minutes après, ils avaient reçu, tous deux appuyés l'un sur l'autre, le Dieu de miséricorde et de paix, le Dieu consolateur.

Leur attitude recueillie frappa tous les yeux, émut tous les cœurs. Il y eut dans l'église un mouvement général de surprise lorsque, après la communion des enfants, on vit le comte, la comtesse et Hélène quitter leurs places et s'approcher de la sainte table.

« Le comte communie, disait-on tout bas.

— La comtesse aussi. Et Mlle Hélène aussi.

— Comme ils ont l'air ému !

— Le comte est tout changé, dit-on.

Ils avaient reçu le Dieu de miséricorde.

— La comtesse aussi ; il paraît que c'est le petit Anfry qui les a tous changés.

— Le pays y gagnera ; ils font beaucoup de bien depuis qu'ils sont amendés.

— C'est le petit Anfry qui a demandé au comte de garder la fermière Françoise, qui devait partir. Ils ont un nouveau bail de six ans, et ils sont bien contents.

— Chut, c'est fini ; chacun reprend sa place. »

Quand la messe fut finie et que l'église fut à peu près vide, il y resta encore cinq personnes, qui priaient avec ferveur et qui ne songeaient pas au temps qui s'écoulait.

Le curé, au moment de quitter l'église, vint s'agenouiller une dernière fois devant l'autel ; il vit les deux enfants à genoux sur la dalle, les mains jointes, les yeux fermés, l'air si recueilli qu'il s'arrêta pour les contempler.

« Mes enfants, leur dit-il enfin, levez-vous ; une plus longue prière à genoux sur la pierre pourrait vous fatiguer ; conservez le bon Dieu dans votre cœur, et souvenez-vous que toute votre vie peut devenir une prière continuelle, en faisant toutes vos actions pour l'amour du bon Dieu. »

Jules et Blaise se relevèrent en silence et suivirent le curé, qui se dirigeait vers le comte et la comtesse.

Aux premières paroles de félicitation du curé, le comte releva son visage baigné de larmes, et, voyant l'inquiétude qui se peignait sur le visage du bon prêtre :

« Les larmes que je répands, dit-il en se levant et marchant près du curé, sont le trop-plein d'un cœur inondé de joie et de bonheur. C'est à Blaise que je les dois, et ma reconnaissance augmente à mesure que j'avance dans la voie où il m'a fait entrer.

LE CURÉ.

Blaise est un saint enfant, monsieur le comte; plus qu'aucun autre je suis à même d'apprécier la grandeur de ses vertus et la beauté de ses sentiments. Je le dis tout bas, de peur qu'il ne m'entende et ne prenne de l'orgueil de mes paroles; mais en vérité cet enfant a la sagesse, la vertu et l'onction d'un saint.

LE COMTE.

C'est bien vrai. Dans le temps où j'avais conçu de lui une si mauvaise et si injuste opinion, j'ai éprouvé la puissance de sa parole, de son accent, de son regard même. Ma femme a ressenti la même impression chaque fois qu'elle l'a entendu expliquer plutôt que justifier sa conduite, et Jules a subi aussi la puissance de cette vertu. »

Tout en causant, ils étaient sortis de l'église. Hélène suivait d'un peu loin avec Jules et Blaise; ils étaient silencieux, mais leurs visages rayonnaient de bonheur. Le curé prit congé du comte; ils se mirent tous en route pour rentrer chez eux. Les enfants marchaient en avant le comte et la comtesse les contemplaient avec tendresse.

« De quel bonheur j'ai manqué me priver, mon ami, dit la comtesse en essuyant ses yeux encore humides.

— Et quelle vie différente et heureuse nous allons mener, ma chère Julie! dit le comte en lui serrant les mains dans les siennes. Nous avions tous les éléments du bonheur, et nous ne savions pas en user; nos cœurs dormaient en nous, et nous végétions misérablement.

LA COMTESSE, *avec gaieté.*

Mais les voilà bien éveillés, maintenant, mon ami; ne laissons pas revenir le sommeil.

LE COMTE.

Je réponds du mien, avec l'aide de Dieu. Il sera à l'avenir tout au bon Dieu, à toi, Julie, et à nos enfants. »

En approchant de la maison d'Anfry, les enfants virent avec surprise un va-et-vient des domestiques du château; Blaise en fut touché.

« C'est bien bon à eux, dit-il, de penser à féliciter mes parents pour ma première communion; je ne les croyais pas si attentifs. »

Arrivés au seuil de la porte, ils virent avec surprise une table dressée dans la salle. Le couvert était très simple; c'était la vaisselle d'Anfry qui couvrait la table; une nappe grossière, des assiettes en faïence, des verres communs, des pots au lieu de carafes, des couverts en fer étamé, des salières en faïence bleue, des chaises de paille, quelques bouteilles de vieux vin faisaient tache dans cette demi-pauvreté. Il y avait sept couverts, et les domestiques couvraient la table des plats qu'ils apportaient du château.

BLAISE.

Qu'est-ce donc que cela? Pourquoi y a-t-il sept

couverts, et pourquoi sont-ce les domestiques de M. le comte qui apportent tous ces plats ?

LE COMTE, *souriant*.

Parce que nous nous sommes invités à dîner chez tes parents, mon cher enfant ; nous avons pensé, ta mère et moi, qu'un jour de première communion on doit avoir la force de supporter des contrariétés, et nous vous imposons celle de dîner avec nous, chez toi, Blaise.

— Quel bonheur ! quel bonheur ! s'écrièrent les trois enfants en perdant toute leur gravité et en sautant autour de la table.

— Oh ! monsieur le comte, dit Blaise, pour le coup je m'oublie, et je vous embrasse de toutes mes forces. »

Et, se jetant au cou du comte, Blaise l'embrassa plusieurs fois. Le comte était heureux du succès de son invention.

« Mettons-nous à table, dit-il ; j'ai une faim de sauvage.

— Et moi donc ! » s'écrièrent tout d'une voix les trois enfants.

Anfry et sa femme se tenaient à l'écart, n'osant pas approcher de la table ; la comtesse alla vers Anfry et, lui prenant le bras, lui dit en riant :

« Anfry, je suis chez vous ; c'est à vous à me donner le bras pour me mener à ma place, à votre droite. »

Anfry balbutia quelques mots d'excuses, de respect, mais la comtesse l'entraîna à la place d'honneur et se mit à sa droite.

Le comte, riant de la bonne pensée de sa femme, fit comme elle et enleva Mme Anfry, qui s'était collée contre le mur, fort embarrassée de sa personne. Il lui donna le bras, l'entraîna vers la table, et, la plaçant en face d'Anfry, il se mit aussi à sa droite. Hélène prit le bras de Blaise, qui se mit entre elle et Jules, et le repas commença.

Dans les premiers moments, le comte et la comtesse ne s'aperçurent pas de l'embarras d'Anfry, qui essuyait son front inondé de sueur, et n'osait ni manger ni lever les yeux de dessus son assiette restée pleine. Mme Anfry avait pris son parti; la faim avait surmonté la timidité.

Blaise s'aperçut bien vite du trouble de son père, et, se penchant vers Hélène, il lui dit tout bas :

« Mademoiselle Hélène, mon pauvre papa a peur; il n'ose pas manger, et pourtant il a bien faim, j'en suis sûr. »

Hélène, levant les yeux, regarda Anfry et sourit de son air malheureux. Se penchant à son tour vers l'oreille de son père, elle lui fit remarquer le malaise du pauvre Anfry, qui s'essuyait le visage avec un redoublement de timidité.

« Eh bien, mon pauvre Anfry, c'est ainsi que vous faites honneur au repas de première communion de nos enfants! Allons, allons, pas de timidité, pas de fausse honte; nous sommes tous frères, aujourd'hui plus que jamais. Mangez votre potage, mon brave Anfry. Attendez, je vais vous donner du courage. »

Et le comte, se levant, prit une bouteille de madère, la déboucha lui-même et en versa un verre à Anfry et à Mme Anfry; après en avoir offert à sa femme et en avoir versé un peu à chacun des enfants, il emplit son verre, et, le portant à ses lèvres :

« A la santé de Blaise et de Jules! s'écria-t-il.

— A la santé de M. le comte! s'écria Anfry, se levant à son tour.

— A la santé d'Anfry et de Mme Anfry! s'écria Jules.

— A la santé de M. le curé! dit Blaise en dernier.

— Bien dit, mon garçon, dit le comte. Buvons à la santé du bon curé, auquel nous devons tous une grande reconnaissance. Allons, Anfry, vous voilà plus à l'aise, maintenant; mettez-vous-y tout à fait, et continuons notre dîner sagement et comme des gens qui conservent dans leur cœur le souvenir des premières heures de la matinée. »

Le repas continua gai, mais calme; les enfants parlèrent beaucoup de leurs impressions avant et après la sainte communion. La comtesse et le comte les écoutaient avec bonheur; il y avait dans les sentiments développés par les enfants un saint et heureux avenir. Anfry et sa femme mangeaient sans parler; ils écoutaient à peine, tant ils étaient impressionnés de l'excellence des mets et de la bonté des vins; ils mangeaient et reprenaient de tout; leur embarras était entièrement dissipé, ils se sentaient heureux et honorés. Mme Anfry ruminait dans sa tête la position honorable qu'allait lui faire dans le pays ce repas donné par elle, chez elle, à ses maîtres. Dans son extase intérieure, elle se figurait avoir régalé le comte et la comtesse, et pensait que l'honneur qui lui en revenait n'était qu'un juste payement de la peine que lui avait donnée l'organisation du repas.

Le dîner fini, le comte et la comtesse allèrent s'asseoir sur un banc devant la maison, après avoir donné ordre à leurs gens de laisser aux Anfry tout ce qui restait des mets et des vins divers, ce qui redoubla la joie et la reconnaissance de Mme Anfry.

Les enfants examinèrent avec intérêt la bibliothèque que le comte avait donnée à Blaise, en tête de laquelle figure avec honneur un superbe volume de l'*Imitation de Jésus-Christ*, donné par Hélène. Après avoir lu le titre de tous les ouvrages, au nombre de cent, Jules dit à Blaise :

« Mon cher Blaise, je ne t'ai pas encore fait mon petit présent; le voici; accepte-le comme la preuve d'une amitié qui durera aussi longtemps que moi. »

En achevant ces mots, il lui passa au cou, une jolie chaîne d'or avec un petit crucifix et une médaille en or de la sainte Vierge.

« C'est béni par un saint prélat qui est devenu subitement aveugle, et qui donne à tous l'exemple d'une résignation si calme et si douce, qu'on se sent touché rien qu'en le voyant.

— Merci, mon cher monsieur Jules; si ce n'était donné par vous et béni par un saint, je n'oserais porter ces belles choses; j'espère que le crucifix me fera souvenir de ce que je dois à mon Dieu, et l'image de la bonne Vierge me donnera le désir d'aimer mon divin Sauveur comme elle l'a aimé en ce monde et comme elle l'aime dans l'éternité. »

Blaise baisa son crucifix, sa médaille, et, les cachant dans son sein, il dit à Jules :

« Tous les jours, matin et soir, je prierai pour vous, devant cette croix et devant cette médaille. »

Le comte et la comtesse avaient rejoint les enfants; la comtesse, présentant à Blaise une petite boîte, lui dit en le baisant au front :

« Je ne puis être la seule dont tu n'acceptes rien, mon cher enfant; voici un très petit objet, mais qui te sera agréable et utile, je n'en doute pas. »

Blaise baisa les mains de la comtesse en recevant la petite boîte qu'elle lui tendait; il l'ouvrit avec empressement et vit, avec une joie qu'il ne chercha pas à dissimuler, une belle montre en or avec sa chaîne.

Il poussa un cri joyeux et partit comme une flèche pour faire partager son bonheur à son père et à sa mère.

« Papa, maman, voyez ce que j'ai, ce que m'a donné Mme la comtesse. »

Anfry et sa femme manquèrent de répéter le cri de Blaise à la vue de la montre et de la chaîne. Ni l'un ni l'autre n'osaient les toucher, de peur de les ternir ou de les casser. Ce ne fut qu'au bout de quelques minutes qu'ils pensèrent à aller remercier la comtesse de son beau cadeau.

« Et moi donc, qui ne lui ai seulement pas dit merci, s'écria Blaise, tant j'étais content. Vite que j'y coure ! »

« C'est béni par un saint prélat.... »

— Tu n'auras pas loin à aller, mon garçon, dit le comte, qui l'avait rejoint avec la comtesse sans qu'il s'en fût aperçu; fais ton remerciement, ajouta-t-il en le poussant dans les bras de la comtesse, qui le reçut en souriant et l'embrassa bien affectueusement.

« — Oh! monsieur le comte, madame la comtesse,... vous êtes trop bons,... trop bons, en vérité.... Je ne sais comment exprimer mon bonheur et ma reconnaissance. »

Et Blaise, l'heureux Blaise, se jeta dans les bras que lui tendait le comte. Il se sentait si ému de tant de bontés, qu'il eut de la peine à contenir l'élan de sa reconnaissance. »

« Mon Dieu! mon Dieu! disait-il, je suis trop heureux!... Vous êtes trop bons,... tous,... tous.... Je ne mérite pas.... Que le bon Dieu vous le rende!.... Oh oui! Je prierai tant, tant pour vous, que le bon Dieu m'exaucera. Il est si bon! »

Le comte chercha à calmer l'émotion de Blaise; quand il y fut parvenu, il rappela aux enfants que l'heure des vêpres approchait.

« Il ne faut pas qu'on voie que j'ai les yeux rouges, dit Blaise; on croirait que j'ai du chagrin. Du chagrin un pareil jour! cela ne se peut! Tout est bonheur pour moi. Mon cœur est si plein que je crois par moments qu'il va se briser. Amour de mon Dieu, amour pour ses créatures, c'est plus que je ne puis supporter.

— Calme-toi, mon enfant! Le bon Dieu veut te payer de ce que tu as souffert, et récompenser ta patience dans les peines qu'il t'avait envoyées. Tu le remercieras à l'église, et nous joindrons nos remerciements aux tiens. »

La comtesse l'embrassa bien affectueusement.

Ils s'acheminèrent tous vers le village, qui avait conservé son air de fête ; les cloches sonnaient à grande volée ; de tous côtés on voyait des groupes silencieux et recueillis se diriger vers l'église. Chacun saluait le comte et la comtesse à leur passage. L'office du soir se termina par la bénédiction du saint sacrement, et cette belle et heureuse journée laissa des impressions chrétiennes et salutaires dans plus d'un cœur rebelle jusque-là à l'appel du bon Dieu.

# XXII

## CONCLUSION

Depuis ce jour, Blaise fit plus que jamais partie de la famille du comte; la vie qu'on menait au château était calme et heureuse; le service de Dieu n'y fut jamais négligé, non plus que le service des pauvres, qu'on allait chaque jour visiter, consoler et soulager. La fortune du comte passait toute entière à secourir les misères de ses semblables; il les considérait comme des frères appelés à partager les richesses qu'il tenait de la bonté de Dieu. Quand Blaise devint grand, il aida le comte dans l'administration de sa fortune, et devint son homme de confiance, son conseiller intime. Jamais Blaise ne perdit le respect qu'il devait à ses maîtres, qui étaient en même temps ses meilleurs amis. Jules devint un jeune homme accompli; Hélène fut, en grandissant, le modèle des jeunes personnes.

Blaise reçut plusieurs lettres de son ancien maître. Jacques lui proposa, avec l'autorisation de son père, de venir prendre la direction de leur maison; mais Blaise ne consentit jamais à quitter ses parents, qui finirent leurs jours au service du comte. Il allait pourtant, tous les ans, passer quelques jours près de Jacques, qui le voyait toujours avec bonheur, et qui le questionnait beaucoup sur la famille du comte. Un jour, Jacques exprima à Blaise le désir d'unir les deux familles par le mariage de Jules avec sa sœur Jeanne, que Jules avait rencontrée souvent dans le monde, à Paris. Il lui dit que toute sa famille serait heureuse de ce mariage. Jules avait déjà exprimé le même désir à Blaise; Jeanne était charmante et digne, sous tous les rapports, d'entrer dans la famille du comte et de la comtesse de Trénilly.

Blaise, à son retour, rapporta au comte et à Jules les paroles qu'il avait entendues. Le comte et Jules les reçurent avec joie, et cette union, désirée par les deux familles, ne tarda pas à s'accomplir.

Ce fut un heureux jour pour Blaise que celui qui ramena au château de Trénilly la famille de M. de Berne. Jacques ne quittait presque pas son ancien ami Blaise; tous deux étaient devenus des hommes, des chrétiens solides. Jacques vit avec plaisir le respect dont Blaise était entouré. C'était lui qui était l'arbitre de tous les démêlés du pays; ce que M. Blaise avait décidé était religieusement exécuté. On le citait comme exemple à tous les jeunes gens du village et des environs; on recherchait son amitié, et on se sentait fier de son approbation.

Blaise lui-même se maria, à l'âge de vingt-huit ans; il épousa la petite nièce du curé, qui lui apporta trente mille francs, dot considérable pour sa condition; elle avait été demandée par des jeunes gens bien plus riches et plus élevés en condition que Blaise, mais elle les avait refusés, répétant toujours à son oncle qu'elle n'épouserait que Blaise, dont les vertus et les qualités aimables avaient fait sur elle une vive impression. Le comte se chargea de la dot de Blaise, et la comtesse des présents de noce et de l'ameublement. La dot fut une somme de quarante mille francs, ajoutée à une jolie maison au bout du village, tout près du château. La comtesse meubla la maison et donna à la mariée toutes ses belles toilettes des fêtes et dimanches.

Le repas de noce fut donné par le comte dans son château.

Hélène, qui avait inspiré une grande estime et une vive affection à un frère aîné de Jacques, et qui semblait partager ces sentiments, consentit avec plaisir à devenir la compagne de sa vie. Ils vécurent fort heureux pendant plusieurs années, après lesquelles Hélène eut la douleur de perdre son mari. N'ayant pas d'enfants; elle résolut de se consacrer entièrement au service des pauvres, en fondant des œuvres de charité. Elle établit une salle d'asile et une école dirigées par des sœurs, elle les visitait souvent et y passait des heures entières, aidée et accompagnée par ses parents.

C'est ainsi que vécut toute cette famille chrétienne, heureuse et unie, aimée et estimée de tous.

# TABLE DES MATIÈRES

|  |  | Pages. |
|---|---|---|
|  | A mon petit-fils Pierre de Ségur............... | v |
| I. | Les nouveaux maîtres....................... | 1 |
| II. | Première visite au château................... | 9 |
| III. | La réparation et la rechute.................. | 21 |
| IV. | Le chat fantôme........................... | 31 |
| V. | Un malheur................................ | 47 |
| VI. | Vengeance d'un éléphant.................... | 55 |
| VII. | La mare aux sangsues....................... | 69 |
| VIII. | Les fleurs................................. | 85 |
| IX. | Les poulets............................... | 103 |
| X. | Le retour de Jules......................... | 129 |
| XI. | Le cerf-volant............................. | 149 |
| XII. | L'accent de vérité......................... | 167 |
| XIII. | Le remords................................ | 183 |
| XIV. | Les domestiques........................... | 203 |
| XV. | L'aveu public............................. | 217 |
| XVI. | L'obéissance.............................. | 237 |
| XVII. | La correspondance......................... | 247 |

## TABLE DES MATIÈRES

| | | Pages. |
|---|---|---|
| XVIII. | La comtesse de Trénilly | 261 |
| XIX. | L'entorse | 273 |
| XX. | L'épreuve | 287 |
| XXI. | Le grand jour | 311 |
| XXII. | Conclusion | 331 |

32033. — Imp A Lahure. rue de Fleurus, Paris.

# BIBLIOTHÈQUE ROSE ILLUSTRÉE

## FORMAT IN-16, A 2 FR. 25 C. LE VOLUME

La reliure en percaline rouge, tranches dorées, se paye en sus 1 fr. 25

---

### 1re SÉRIE. — POUR LES ENFANTS DE 4 A 8 ANS

Anonyme : *Chien et Chat*; 5e édition, traduit de l'anglais par Mme A. Dibarrart. 1 vol. avec 45 gravures d'après E. Bayard.

— *Douze histoires pour les enfants de quatre à huit ans*, par une mère de famille; 3e édit. 1 vol. avec 18 grav. d'après Bertall.

— *Les enfants d'aujourd'hui*, par la même; 3e édit. 1 vol. avec 40 grav. d'après Bertall.

Carraud (Mme) : *Historiettes véritables, pour les enfants de quatre à huit ans*; 6e édition. 1 vol. avec 94 grav. d'après Foth.

Foth (G.) : *La sagesse des enfants, proverbes*; 4e édit. 1 vol. avec 100 grav. d'après l'auteur.

Laroque (Mme) : *Grands et petits*; 1 vol. avec 61 gravures d'après Bertall.

Marcel (Mme J.) : *Histoire d'un cheval de bois*; 4e édit. 1 vol. imprimé en gros caractères, avec 20 gravures d'après E. Bayard.

Pape-Carpantier (Mme) : *Histoires et leçons de choses pour les enfants*; 12e édit. 1 vol. avec 85 gravures d'après Bertall.

Ouvrage couronné par l'Académie française.

Perrault, Mmes d'Aulnoy et Leprince de Beaumont : *Contes de fées*. 1 volume avec 65 gravures d'après Bertall, Forest, etc.

Porchat (L.) : *Contes merveilleux*; 5e édit. 1 vol. avec 21 gravures d'après Bertall.

Schmid (Le chanoine) : *190 contes pour les enfants*, trad. de l'allemand par A. Van Hasselt; 7e édit. 1 vol. avec 29 grav. d'après Bertall.

Ségur (Mme de) : *Nouveaux contes de fées*; nouvelle édition. 1 vol. avec 46 gravures d'après G. Doré et J. Didier.

### 2e SÉRIE. — POUR LES ENFANTS DE 8 A 14 ANS

Alcott (Miss) : *Sous les lilas*, traduit de l'anglais par Mme Lepage; 2e édition. 1 volume avec 23 gravures.

Andersen : *Contes choisis*, trad. du danois par Soldi; 9e édition. 1 vol. avec 40 gravures d'après Bertall.

Anonyme : *Les fêtes d'enfants*, scènes et dialogues ; 5ᵉ édition. 1 vol. avec 41 gravures d'après Foulquier.

Assollant (A.) : *Les aventures merveilleuses mais authentiques du capitaine Corcoran* ; 8ᵉ édit. 2 vol. avec 50 grav. d'après A. de Neuville.

Barrau (Th.) : *Amour filial* ; 5ᵉ édition. 1 vol. avec 41 gravures d'après Feroggio.

Bawr (Mme de) : *Nouveaux contes* ; 6ᵉ édition. 1 vol. avec 40 gravures d'après Bertall.
Ouvrage couronné par l'Académie française.

Balèze : *Jeux des adolescents* ; 6ᵉ édition. 1 vol. avec 140 gravures.

Berquin : *Choix de petits drames et de contes* ; 2ᵉ édition. 1 vol. avec 36 gravures d'après Foulquier, etc.

Berthet (E.) : *L'enfant des bois* ; 8ᵉ édition. 1 vol. avec 61 gravures.

— *La petite Chailloux*. 1 vol. avec 44 gravures d'après Bayard et J. Fraipont.

Blanchère (De la) : *Les aventures de La Ramée et de ses trois compagnons* ; 4ᵉ édit. 1 vol. avec 36 gravures d'après S. Forest.

— *Oncle Tobie le pêcheur* ; 3ᵉ édit. 1 vol. avec 80 gravures d'après Foulquier et Mesnel.

Boiteau (P.) : *Légendes recueillies ou composées pour les enfants* ; 3ᵉ édition. 1 vol. avec 42 gravures d'après Bertall.

Carpentier (Mlle) : *La maison du bon Dieu* ; 2ᵉ édit. 1 vol. avec 58 gravures d'après Riou.

— *Sauvons-le !* 2ᵉ édition. 1 vol. avec 40 gravures d'après Riou.

— *Le secret du docteur, ou la Maison fermée* ; 2ᵉ édition. 1 vol. avec 43 gravures d'après Girardet.

— *La tour du Preux*. 1 vol. avec 60 gravures d'après Tofani.

— *Pierre le Tors*. 1 vol. avec 56 gravures d'après E. Zier.

— *La dame bleue*. 1 vol. avec 49 gravures d'après E. Zier.

Carraud (Mme) : *La petite Jeanne* ; 10ᵉ édit. 1 vol. avec 21 gravures d'après Forest.
Ouvrage couronné par l'Académie française.

— *Les métamorphoses d'une goutte d'eau*. 5ᵉ édition. 1 vol. avec 50 gravures d'après E. Bayard.

Castillon (A.) : *Récréations physiques* ; 8ᵉ édition. 1 vol. avec 36 grav. d'après Castelli.

— *Récréations chimiques* ; 5ᵉ édit. 1 vol. avec 34 grav. d'après H. Castelli.

Cazin (Mme) : *Les petits montagnards* ; 2ᵉ édition. 1 vol. avec 51 grav. d'après G. Vuillier.

— *Un drame dans la montagne* ; 2ᵉ édit. 1 vol. avec 33 gravures d'après G. Vuillier.

— *Histoire d'un pauvre petit*. 1 vol. avec 60 gravures d'après Tofani.

— *L'enfant des Alpes* ; 2ᵉ édition. 1 vol. avec 33 gravures d'après Tofani.
Ouvrage couronné par l'Académie française.

— *Perlette*. 1 vol. avec 54 gravures d'après Myrbach.

— *Les saltimbanques, scènes de la montagne*. 1 vol. avec 65 gravures d'après Girardet.

— *Le petit chevrier*. 1 vol. avec 39 gravures d'après Vuillier.

— *Jean le Savoyard*. 1 vol. avec 51 grav. d'après Slom.

— *Les orphelins bernois*. 1 vol. avec 58 gravures d'après E. Girardet.

Chabreul (Mme de) : *Jeux et exercices des jeunes filles* ; 6ᵉ édition. 1 vol. avec la musique des rondes et 55 gravures d'après Fath.

Chéron de la Bruyère (Mme) : *Giboulée*. 1 vol. illustré de 24 gravures d'après Zier.

Cim (Albert) : *Mes amis et moi*. 1 vol. avec 16 grav. d'après Ferdinandus et Slom.

— *Entre camarades*. 1 vol. illustré de 20 gravures d'après Ferdinandus.

Colet (Mme L.) : *Enfances célèbres* ; 12ᵉ édit. 1 vol. avec 57 gravures d'après Foulquier.

**Colomb** (Mme J.) : *Souffre-Douleur.* 1 vol. avec 40 gravures d'après Mlle Lancelot.

**Contes anglais**, traduits par Mme de Witt. 1 vol. avec 43 gravures d'après E. Morin.

**Deschamps** (F.) : *Mon amie Georgette.* 1 vol. illustré de 43 gravures d'après Robaudi.

— *Mon ami Jean.* 1 vol. illustré de 40 gravures d'après Robaudi.

**Deslys** (Ch.) : *Grand'maman.* 1 vol. avec 29 gravures d'après Ed. Zier.

**Edgeworth** (Miss) : *Contes de l'adolescence.* 1 vol. avec 42 gravures d'après Morin.

— *Contes de l'enfance.* 1 vol. avec 27 gravures d'après Foulquier.

— *Demain,* suivi de *Mourad le malheureux.* 1 vol. avec 55 gravures d'après Bertall.

**Fath** (G.) : *Bernard, la gloire de son village.* 1 vol. avec 56 gravures d'après l'auteur.
*Ouvrage couronné par l'Académie française.*

**Fleuriot** (Mlle Z.) : *Le petit chef de famille;* 9ᵉ édit. 1 vol. avec 57 grav. d'après Castelli.

— *Plus tard, ou le Jeune Chef de famille;* 6ᵉ édit. 1 vol. avec 60 grav. d'après E. Bayard.

— *Un enfant gâté;* 4ᵉ édition. 1 vol. avec 48 gravures d'après Ferdinandus.

— *Tranquille et Tourbillon;* 3ᵉ édition. 1 vol. avec 45 gravures d'après C. Delort.

— *Cadette;* 3ᵉ édit. 1 vol. avec 25 grav. d'après Tofani.

— *En congé;* 6ᵉ édit. 1 vol. avec 61 gravures d'après A. Marie.

— *Bigarrette;* 6ᵉ édit. 1 vol. avec 55 gravures d'après A. Marie.

— *Bouche-en-Cœur;* 3ᵉ édition. 1 vol. avec 45 gravures d'après Tofani.

— *Gildas l'Intraitable;* 2ᵉ édit. 1 vol. avec 56 gravures d'après E. Zier.

— *Parisiens et montagnards.* 1 vol. avec 49 gravures d'après E. Zier.

**Foe** (De) : *La vie et les aventures de Robinson Crusoé,* édit. abrégée. 1 vol. avec 40 grav.

**Fonvielle** (W. de) : *Néridah.* 2 vol. avec 40 gravures d'après Sahib.

**Fresneau** (Mme), née Ségur : *Comme les grands!* 1 vol. avec 40 grav. d'après Ed. Zier.

— *Thérèse à Saint-Domingue.* 1 vol. avec 49 gravures d'après Tofani.

— *Les protégés d'Isabelle.* 1 vol. avec 50 grav.

— *Deux abandonnées.* 1 vol. illustré de 42 gravures d'après M. Orange.

**Froment** : *Petit-Prince.* 1 vol. illustré de 5 gravures d'après Vogel.

**Genlis** (Mme de) : *Contes moraux.* 1 vol. avec 40 gravures d'après Foulquier, etc.

**Gérard** (A.) : *Petite Rose.* — *Grande Jeanne.* 1 vol. avec 28 gravures d'après C. Gilbert.

**Girardin** (J.) : *La disparition du grand Krause;* 2ᵉ édition. 1 vol. avec 70 gravures d'après Kauffmann.

**Giron** (Aimé) : *Ces pauvres petits!* 2ᵉ édition. 1 vol. avec 22 grav. d'après B. de Monvel, etc.

**Gouraud** (Mlle J.) : *Les enfants de la ferme;* 5ᵉ édit. 1 vol. avec 59 grav. d'après E. Bayard.

— *Le livre de maman;* 4ᵉ édition. 1 vol. avec 68 gravures d'après E. Bayard.

— *Cécile, ou la Petite Sœur;* 7ᵉ édition. 1 vol. avec 26 gravures d'après Desandré.

— *Lettres de deux poupées;* 6ᵉ édition. 1 vol. avec 59 grav. d'après Olivier.

— *Le petit colporteur;* 6ᵉ édition. 1 vol. avec 27 gravures d'après A. de Neuville.

— *Les mémoires d'un petit garçon;* 9ᵉ édit. 1 vol. avec 86 gravures d'après E. Bayard.

— *Les mémoires d'un caniche;* 9ᵉ édition. 1 vol. avec 75 gravures d'après E. Bayard.

Gouraud (Mlle J.) (suite) : *L'enfant du guide*; 6ᵉ édition. 1 vol. avec 60 gravures d'après E. Bayard.

— *Petite et grande*; 4ᵉ édition. 1 vol. avec 48 gravures d'après E. Bayard.

— *Les quatre pièces d'or*; 5ᵉ édition. 1 vol. avec 61 gravures d'après E. Bayard.

— *Les deux enfants de Saint-Domingue*; 4ᵉ édit. 1 vol. avec 54 grav. d'après E. Bayard.

— *La petite maîtresse de maison*; 5ᵉ édit. 1 vol. avec 37 gravures d'après A. Marie.

— *Les filles du professeur*; 3ᵉ édit. 1 vol. avec 38 gravures d'après Kauffmann.

— *La famille Harel*; 2ᵉ édit. 1 vol. avec 48 gravures d'après Valnay et Ferdinandus.

— *Aller et retour*; 2ᵉ édition. 1 vol. avec 40 gravures d'après Ferdinandus.

— *Les petits voisins*; 2ᵉ édition. 1 vol. avec 39 gravures d'après C. Gilbert.

— *Chez grand'mère*; 2ᵉ édition. 1 vol. avec 95 gravures d'après Tofani.

— *Le petit bonhomme*. 1 vol. avec 45 gravures d'après Ferdinandus.

— *Le vieux château*. 1 vol. avec 28 gravures d'après E. Zier.

— *Pierrot*. 1 vol. avec 31 grav. d'après Zier.

— *Minette*. 1 vol. avec 52 grav. d'après Tofani.

— *Quand je serai grande*. 1 vol. avec 36 gravures d'après Ferdinandus.

Grimm (Les frères) : *Contes choisis*, trad. de l'allemand. 1 vol. avec 40 grav. d'après Bertall.

Hauff : *La caravane*, trad. de l'allemand, 5ᵉ édition. 1 vol. avec 40 grav. d'après Bertall.

— *L'auberge du Spessart*, 5ᵉ édition. 1 vol. avec 61 grav. d'après Bertall.

Hawthorne : *Le livre des merveilles*, trad. de l'anglais; 3ᵉ édit. 2 vol. avec 40 grav. d'après Bertall.

Johnson : *Dans l'extrême Far West*, traduit de l'anglais par A. Talandier; 2ᵉ édition. 1 vol. avec 20 gravures d'après A. Marie.

Marcel (Mme J.) : *L'école buissonnière*; 4ᵉ édit. 1 vol. avec 20 gravures d'après A. Marie.

— *Le bon frère*; 4ᵉ édition. 1 vol. avec 21 gravures d'après E. Bayard.

— *Les petits vagabonds*; 4ᵉ édition. 1 vol. avec 25 gravures d'après E. Bayard.

— *Histoire d'une grand'mère et de son petit-fils*. 1 vol. avec 36 gravures d'après Delort.

— *Daniel*; 2ᵉ édition. 1 vol. avec 45 gravures d'après Gilbert.

— *Le frère et la sœur*. 1 vol. avec 45 gravures d'après E. Zier.

— *Un bon gros pataud*. 1 vol. avec 46 gravures d'après Jeanniot.

— *Un bon oncle*. 1 vol. avec 56 grav. d'après F. Régamey.

Maréchal (Mlle) : *La dette de Ben-Atssa*; 4ᵉ édit. 1 vol. avec 20 grav. d'après Bertall.

— *Nos petits camarades*; 2ᵉ édition. 1 vol. avec 18 gravures d'après E. Bayard et H. Castelli.

— *La maison modèle*; 3ᵉ édition. 1 vol. avec 42 gravures d'après Sahib.

Marmier : *L'arbre de Noël*; 4ᵉ édition. 1 vol. avec 68 gravures d'après Bertall.

Martignat (Mlle de) : *Les vacances d'Élisabeth*; 3ᵉ édit. 1 vol. avec 46 grav. d'après Kauffmann.

— *L'oncle Boni*; 2ᵉ édition. 1 vol. avec 42 gravures d'après Gilbert.

— *Ginette*; 2ᵉ édit. 1 vol. avec 50 gravures d'après Tofani.

— *Le manoir d'Yolan*; 2ᵉ édition. 1 vol. avec 56 gravures d'après Tofani.

— *Le pupille du général*. 1 vol. avec 40 gravures d'après Tofani.

**Martignat (Mlle de) (suite)** : *L'héritière de Maurivèze*. 1 vol. avec 41 gravures d'après Poirson.

— *Une vaillante enfant* ; 2ᵉ édit. 1 vol. avec 49 gravures d'après Tofani.

— *Une petite nièce d'Amérique*. 1 vol. avec 43 gravures d'après Tofani.

— *La petite fille du vieux Thômi*. 1 vol. avec 44 gravures d'après Tofani.

**Mayne-Reid (Le capitaine)** : Œuvres traduites de l'anglais :

— *Les chasseurs de girafes*. 1 vol. avec 10 gravures d'après A. de Neuville.

— *A fond de cale*, voyage d'un jeune marin à travers les ténèbres. 1 vol. avec 12 grandes gravures.

— *A la mer!* 1 vol. avec 12 grandes gravures.

— *Bruin, ou les Chasseurs d'ours*. 1 vol. avec 8 grandes gravures.

— *Le chasseur de plantes*. 1 vol. avec 12 grandes gravures.

— *Les exilés dans la forêt*. 1 vol. avec 12 grandes gravures.

— *L'habitation du désert*, ou Aventures d'une famille perdue dans les solitudes de l'Amérique. 1 vol. avec 23 grandes gravures d'après G. Doré.

— *Les grimpeurs de rochers*, suite du Chasseur de plantes. 1 vol. avec 20 grandes gravures.

— *Les peuples étranges*. 1 vol. avec 8 gravures.

— *Les vacances des jeunes Boers*. 1 vol. avec 12 grandes gravures.

— *Les veillées de chasse*. 1 vol. avec 45 gravures d'après Freeman.

— *La chasse au Léviathan*. 1 vol. avec 51 gravures d'après Ferdinandus et Weber.

— *Les naufragés de la Calypso*. 1 vol. avec 55 gravures d'après Pranishnikoff.

**Meynera d'Estrey** : *Les aventures de Gérard Hendriks à la recherche de son frère*. 1 vol. illustré de 15 gravures d'après Mme P. Crampel.

— *Au pays des diamants*. 1 vol. illustré de gravures d'après Riou.

**Moussac (Mme la marquise de)** : *Popo et Lili, histoire de deux jumeaux*. 1 vol. avec 58 grav. d'après Zier.

**Muller (E.)** : *Robinsonnette* ; 4ᵉ édition. 1 vol. avec 22 gravures d'après Lix.

**Peyronny (Mme de)** : *Deux cœurs dévoués* ; 4ᵉ édit. 1 vol. avec 53 grav. d'après Devaux.

**Pitray (Mme de)** : *Les enfants des Tuileries* ; 4ᵉ édit. 1 vol. avec 29 grav. d'après E. Bayard.

— *Les débuts du gros Philéas* ; 4ᵉ édition. 1 vol. avec 57 gravures d'après H. Castelli.

— *Le château de la Pétaudière* ; 3ᵉ édition. 1 vol. avec 78 gravures d'après A. Marie.

— *Le fils du maquignon* ; 2ᵉ édition. 1 vol. avec 65 gravures d'après Riou.

— *Petit Monstre et Poule Mouillée* ; 6ᵉ mille. 1 vol. avec 36 gravures d'après E. Girardet.

— *Robin des Bois*. 1 vol. avec 40 gravures d'après Sirouy.

— *L'usine et le château*. 1 vol. avec 44 grav. d'après Robaudi.

— *L'arche de Noé*. 1 vol. illustré d'après Robaudi.

**Rendu (V.)** : *Mœurs pittoresques des insectes*. 1 vol. avec 49 gravures.

**Sandras (Mme)** : *Mémoires d'un lapin blanc* ; 5ᵉ édit. 1 vol. avec 20 grav. d'après E. Bayard.

**Sannois (Mme de)** : *Les soirées à la maison* ; 3ᵉ édit. 1 vol. avec 42 grav. d'après E. Bayard.

**Ségur (Mme de)** : *Après la pluie le beau temps* ; nouvelle édition. 1 vol. avec 128 gravures d'après E. Bayard.

— *Comédies et proverbes* ; nouvelle édition. 1 vol. avec 60 gravures d'après E. Bayard.

— *Diloy le Chemineau* ; nouvelle édition. 1 vol. avec 90 gravures d'après H. Castelli.

— *François le Bossu* ; nouvelle édition. 1 vol. avec 114 gravures d'après E. Bayard.

Ségur (Mme de) (suite) : *Jean qui grogne et Jean qui rit*, nouvelle édition. 1 vol. avec 70 grav. d'après H. Castelli.

— *La fortune de Gaspard*; nouvelle édit. 1 vol. avec 32 gravures d'après Gerlier.

— *La sœur de Gribouille*; nouvelle édition. 1 vol. avec 72 gravures d'après Castelli.

— *Pauvre Blaise*; nouvelle édition. 1 vol. avec 66 gravures d'après H. Castelli.

— *Quel amour d'enfant!* nouvelle édition. 1 vol. avec 79 gravures d'après E. Bayard.

— *Un bon petit diable*; nouvelle édition. 1 vol. avec 100 gravures d'après Castelli.

— *Le mauvais génie*; nouvelle édition. 1 vol. avec 90 gravures d'après E. Bayard.

— *L'auberge de l'Ange-Gardien*; nouvelle édition. 1 vol. avec 75 grav. d'après Foulquier.

— *Le général Dourakine*; nouvelle édition. 1 vol. avec 100 gravures d'après E. Bayard.

— *Les bons enfants*; nouvelle édition. 1 vol. avec 70 grav. d'après Ferogio.

— *Les deux nigauds*; nouvelle édition. 1 vol. avec 76 grav. d'après Castelli.

— *Les malheurs de Sophie*; nouvelle édition. 1 vol. avec 48 gravures d'après Castelli.

— *Les petites filles modèles*; nouvelle édition. 1 vol. avec 21 grandes gravures d'après Bertall.

— *Les vacances*; nouvelle édition. 1 vol. avec 36 gravures d'après Bertall.

— *Mémoires d'un âne*; nouvelle édition. 1 vol. avec 75 gravures d'après Castelli.

Stolz (Mme de) : *La maison roulante*; 7e édit. 1 vol. avec 20 gravures d'après E. Bayard.

— *Le trésor de Nanette*; 6e édition. 1 vol. avec 25 gravures d'après E. Bayard.

— *Blanche et Noire*; 4e édition. 1 vol. avec 54 gravures d'après E. Bayard.

— *Par-dessus la haie*; 4e édition. 1 vol. avec 56 gravures d'après A. Marie.

Stolz (Mme de) (suite) : *Les poches de mon oncle*; 5e édition. 1 vol. avec 20 gravures d'après Bertall.

— *Les vacances d'un grand-père*; 4e édition. 1 vol. avec 40 gravures d'après G. Delafosse.

— *Le vieux de la forêt*; 3e édition. 1 vol. avec 40 gravures d'après Sahib.

— *Les deux reines*; 2e édit. 1 vol. avec 32 gravures d'après Delort.

— *Les mésaventures de Mlle Thérèse*; 3e édition. 1 vol. avec 29 gravures d'après Charles.

— *Les frères de lait*; 2e édition. 1 vol. avec 48 gravures d'après E. Zier.

— *Magali*; 2e éd. 1 vol. avec 36 grav. d'après Tofani.

— *Les deux André*. 1 vol. avec 45 gravures d'après Tofani.

— *Deux tantes*. 1 vol. avec 48 gravures d'après Ed. Zier.

— *Violence et bonté*. 1 vol. avec 36 gravures d'après Tofani.

— *L'embarras du choix*. 1 vol. avec 40 gravures d'après Tofani.

— *Petit Jacques*. 1 vol. avec 48 gravures d'après Tofani.

— *La famille Coquelicot*. 1 vol. illustré de 30 gravures d'après Jeanniot.

Swift : *Voyages de Gulliver*, traduits de l'anglais et abrégés à l'usage des enfants. 1 vol. avec 57 gravures d'après G. Delafosse.

Tournier : *Les premiers chants*, poésies à l'usage de la jeunesse; 2e édition. 1 vol. avec 20 gravures d'après Gustave Roux.

Verley : *Miss Fantaisie*. 1 vol. avec 36 grav. d'après Zier.

Vimont (Ch.) : *Histoire d'un navire*; 8e édit. 1 vol. avec 40 grav. d'après Alex. Vimont.

Witt (Mme de), née Guizot : *Enfants et parents*; 4e édition. 1 vol. avec 34 gravures d'après A. de Neuville.

— *La petite fille aux grand'mères*; 4e édit. 1 vol. avec 36 gravures d'après Beau.

— *En quarantaine, jeux et récits*; 2e édit. 1 vol. avec 48 gravures d'après Ferdinandus.

## 3ᵉ SÉRIE. — POUR LES ADOLESCENTS
### ET POUVANT FORMER UNE BIBLIOTHÈQUE POUR LES JEUNES FILLES DE 14 A 18 ANS

### VOYAGES

**Agassiz (M. et Mme)** : *Voyage au Brésil*, traduit et abrégé par J. Belin-de Launay ; 3ᵉ édition. 1 vol. avec 15 gravures et 1 carte.

**Aunet (Mme d')** : *Voyage d'une femme au Spitsberg* ; 6ᵉ édit. 1 vol. avec 34 gravures.

**Baines** : *Voyages dans le sud-ouest de l'Afrique*, traduits et abrégés par J. Belin-de Launay ; 2ᵉ édit. 1 vol. avec 22 grav. et 1 carte.

**Baker** : *Le lac Albert.* Nouveau voyage aux sources du Nil, abrégé par J. Belin-de Launay ; 2ᵉ édit. 1 vol. avec 16 grav. et 1 carte.

**Baldwin** : *Du Natal au Zambèse*, 1851-1866. Récits de chasses, abrégés par J. Belin-de Launay ; 3ᵉ édit. 1 vol. avec 24 grav. et 1 carte.

**Burton (Le capitaine)** : *Voyages à la Mecque, aux grands lacs d'Afrique et chez les Mormons*, abrégés par J. Belin-de Launay ; 2ᵉ édit. 1 vol. avec 12 gravures et 3 cartes.

**Catlin** : *La vie chez les Indiens*, traduite de l'anglais ; 6ᵉ édition. 1 vol. avec 25 gravures.

**Fonvielle (W. de)** : *Le glaçon du Polaris, aventures du capitaine Tyson* ; 3ᵉ édit. 1 vol. avec 19 gravures et 1 carte.

**Hayes (Dʳ)** : *La mer libre du pôle*, traduite par F. de Lanoye et abrégée par J. Belin-de Launay ; 2ᵉ édition. 1 vol. avec 14 gravures et 1 carte.

**Hervé et de Lanoye** : *Voyage dans les glaces du pôle arctique* ; 6ᵉ édition. 1 vol. avec 40 gravures.

**Lanoye (F. de)** : *Le Nil, son bassin et ses sources* ; 4ᵉ édit. 1 vol. avec 32 gravures et cartes.

— *La Sibérie* ; 2ᵉ édition. 1 vol. avec 48 gravures d'après Lebreton, etc.

— *Les grandes scènes de la nature* ; 5ᵉ édit. 1 vol. avec 40 gravures.

— *La mer polaire, voyage de l'Érèbe et de la Terreur* ; 4ᵉ édit. 1 vol. avec 30 gravures et des cartes.

**Livingstone** : *Explorations dans l'Afrique australe*, abrégées par J. Belin-de Launay ; 5ᵉ édit. 1 vol. avec 20 gravures et 1 carte.

— *Dernier journal*, abrégé par J. Belin-de Launay ; 2ᵉ édition. 1 vol. avec 16 gravures et 1 carte.

**Mage (L.)** : *Voyage dans le Soudan occidental*, abrégé par J. Belin-de Launay ; 2ᵉ édit. 1 vol. avec 16 gravures et 1 carte.

**Milton et Cheadle** : *Voyage de l'Atlantique au Pacifique*, trad. et abrégé par J. Belin-de Launay ; 2ᵉ édit. 1 vol. avec 16 grav. et 2 cartes.

**Mouhot (Ch.)** : *Voyage dans les royaumes de Siam, de Cambodge et de Laos* ; 4ᵉ édition. 1 vol. avec 28 gravures et 1 carte.

**Palgrave (W. G.)** : *Une année dans l'Arabie centrale*, trad. abrégée par J. Belin-de Launay ; 2ᵉ édition. 1 vol. avec 12 grav. et 1 carte.

**Pfeiffer (Mme)** : *Voyages autour du monde*, abrégés par J. Belin-de Launay ; 5ᵉ édition. 1 vol. avec 16 gravures et 1 carte.

**Piotrowski** : *Souvenirs d'un Sibérien* ; 3ᵉ édit. 1 vol. avec 10 gravures.

**Schweinfurth (Dʳ)** : *Au cœur de l'Afrique (1868-1871)*, traduit par Mme H. Loreau, et abrégé par J. Belin-de Launay ; 2ᵉ édition. 1 vol. avec 16 gravures et 1 carte.

**Speke** : *Les sources du Nil*, édition abrégée par J. Belin-de Launay ; 3ᵉ édition. 1 vol. avec 24 gravures et 3 cartes.

**Stanley** : *Comment j'ai retrouvé Livingstone*, trad. par Mme H. Loreau et abrégé par J. Belin-de Launay ; 4ᵉ édit. 1 vol. avec 16 gravures et 1 carte.

**Vambéry** : *Voyages d'un faux derviche dans l'Asie centrale*, traduits par E. Forgues, et abrégés par J. Belin-de Launay ; 4ᵉ édit. 1 vol. avec 18 gravures et 1 carte.

## HISTOIRE

**Loyal Serviteur (Le)** : *Histoire du gentil seigneur de Bayard*, revue et abrégée, à l'usage de la jeunesse, par Alph. Feillet; 4ᵉ éd. 1 vol. avec 35 gravures d'après P. Sellier.

**Monnier (M.)** : *Pompéi et les Pompéiens*; 3ᵉ édition, à l'usage de la jeunesse. 1 vol. avec 23 gravures d'après Thérond.

**Plutarque** : *Vies des Grecs illustres*, édition abrégée par Alph. Feillet, 5ᵉ édit. 1 vol. avec 53 gravures d'après P. Sellier.
— *Vies des Romains illustres*, édit. abrégée par Alph. Feillet. 5ᵉ édit. 1 vol. avec 69 grav.

**Retz (De)** : *Mémoires*, abrégés par Alph. Feillet. 1 vol. avec 35 gravures d'après Gilbert.

## LITTÉRATURE

**Bernardin de Saint-Pierre** : *Œuvres choisies*. 1 vol. avec 12 gravures d'après E. Bayard.

**Cervantes** : *Don Quichotte de la Manche*. 1 vol. avec 64 grav. d'après Bertall et Forest.

**Homère** : *L'Iliade et l'Odyssée*, traduites par P. Giguet, abrégées par Alph. Feillet. 1 vol. avec 33 gravures d'après Olivier.

**Le Sage** : *Aventures de Gil Blas*, édition destinée à l'adolescence. 1 vol. avec 50 gravures d'après Leroux.

**Mac-Intosh (Miss)** : *Contes américains*, traduits par Mme Dionis; 2ᵉ édition. 2 vol. avec 120 gravures d'après E. Bayard.

**Maistre (X. de)** : *Œuvres choisies*. 1 vol. avec 15 gravures d'après E. Bayard.

**Molière** : *Œuvres choisies*, abrégées à l'usage de la jeunesse. 2 vol. avec 28 gravures d'après Hillemacher.

**Virgile** : *Œuvres choisies*, traduites et abrégées à l'usage de la jeunesse, par Th. Barrau et Alph. Feillet. 1 vol. avec 20 gravures d'après les grands peintres, par P. Sellier.